D1928609

Ulrich Schacht · Mein Wismar

Ulrich Schacht

MEIN WISMAR

Ullstein

Band II der Reihe
Autoren sehen ihre Stadt
herausgegeben von
Heimo Schwilk

© 1994 für diese Ausgabe by Verlag Ullstein GmbH,
Frankfurt/M. · Berlin
Alle Rechte vorbehalten
Fotos: Claus Gretter
Satz: ew print & medien service g.m.b.h., Würzburg
Druck und Binden: Wiener Verlag, Himberg
Printed in Austria 1994
ISBN 3-550-06715-1

Gedruckt auf alterungsbeständigem Papier
mit chlorfrei gebleichtem Zellstoff

Meinen Großeltern Lucie (1895–1968) und Willi Schacht (1884–1939) gewidmet, die in Wismar lebten und dort begraben wurden.

INHALT

HISTORISCHES

LITERARISCHES

POETISCHES

»Aber die Erfahrung sollte nicht verkleinert werden durch die Tricks der Erinnerung. Es gibt da auch Dinge, die der Regen nicht abwäscht ...«

Uwe Johnson

GEGENWÄRTIGES

Heimo Schwilk

Mit Ulrich Schacht durch Wismar

»Ihre Bücher kenne ich leider immer noch nicht«, entschuldigt sich Bürgermeisterin Dr. Rosemarie Wilcken, als sie den Schriftsteller Ulrich Schacht in ihrem Amtszimmer begrüßt, »seit zwei Jahren habe ich es überhaupt nicht geschafft, auch nur ein Buch zu lesen!« Dafür erinnert sich die frühere Ärztin an die Schwester Dolores, die sie bis zu ihrem Tod im Juli 1976 in der Wismarer Klinik behandelte. Ulrich Schacht saß damals im Zuchthaus Brandenburg, verurteilt wegen »staatsfeindlicher Hetze« zu sieben Jahren Haft. Die Schwester, schwer krebskrank, durfte den »Staatsfeind«, der zwischen 1968 und 1973 mit Gedichten, Prosatexten, Traktaten und der Herausgabe von illegalen Zeitschriften gegen das DDR-Regime opponiert hatte, nur zweimal im Gefängnis besuchen. Die Erfahrungen seiner knapp vierjährigen Haftzeit hat Ulrich Schacht in einem Erzählungsband verdichtet; die *Brandenburgischen Konzerte* sind neben Walter Kempowskis Zuchthaus-Tagebuch *Im Block,* Erich Loests Erinnerungen *Durch die Erde ein Riß,* Horst Bieneks Erzählung *Die Zelle* und Jürgen Fuchs' *Vernehmungsprotokolle* unentbehrliches Anschauungsmaterial für jeden, der sich einen Begriff davon machen möchte, wie die zweite deutsche Diktatur mit Andersdenkenden umsprang.

Rosemarie Wilcken, die über die SPD in die Bürgerschaft kam und als Oberbürgermeisterin bislang erfolgreich agierte, bedauert es, daß Kultur in Wismar so wenig Resonanz findet, trotz eines Kulturetats von rund 7 Millionen Mark: »Wir haben einfach zu wenig Bildungsbürgertum.« Ohne Mittelstand könne Wismar nicht wieder werden, was es einmal war: eine blühende Handelsstadt.

Das Rathaus, ein frisch renovierter, klassizistischer Bau, stellt die städtebauliche Wende imposant zur Schau, aber auch an vielen anderen Stellen der Stadt hat eine rege Bautätigkeit begonnen, die sozialistische Tristesse vergessen zu lassen. Zu DDR-Zeiten, erinnert sich Frau Wilcken, hätten die »sozial Stärksten« die Innenstadt verlassen, um in Neubauwohnungen unterzukommen. Zurück blieben »Kinderreiche und Arme«, die Giebelhäuser verfielen, Fenster wurden vernagelt, ganze Straßenzüge gesperrt, Dächer brachen ein. Ruinenlandschaften breiteten sich aus in einer der schönsten Städte an der Ostseeküste.

Doch nun liegt das Vermögen wieder in der Innenstadt. Wismar besitzt mit 76 Hektar die größte geschlossene mittelalterliche Stadtanlage in Deutschland – trotz der immensen Verluste durch die insgesamt 12 alliierten Bombenangriffe, die 1944/45 viele Häuser zerstörten oder schwer beschädigten. Die katastrophale Baupolitik der DDR beschleunigte den Verfall des einmaligen Stadtensembles weiter, 1960 ordnete die SED sogar die Sprengung des Chors der Marienkirche an, obwohl die imposante Hallenkirche gut zu restaurieren gewesen wäre. Allein der 80 Meter hohe Backsteinturm steht noch immer wie eine eindringliche Mahnung an das Unheil, das zwei Diktaturen über die Stadt und ihre Menschen brachten.

Dieser Besuch an einem verregneten Herbsttag ist nicht die erste Heimkehr des Dichters in seine Stadt, in der er 1973 von der Staatssicherheit verhaftet wurde, weil er um eine gerechtere Ordnung kämpfte und das aussprach, worüber die Mehrzahl der Bürger ängstlich schwieg. Im Dezember 1989 war Ulrich Schacht erstmals wieder nach Wismar gekommen, ein Abstecher auf dem Wege nach Parchim, wo er auf Einladung des Neuen Forums zu den Bürgern sprechen sollte. Was in seiner poetischen Erinnerungsarbeit immer schon beschlossen lag, forderte er damals öffentlich ein: die Einheit Deutschlands, die Rückkehr seiner Heimatstadt und Mecklenburgs in die Gemeinsamkeit der deutschen Nation. Ein knappes Jahr später wurde die Vereinigung vollzogen, ein Glücksmoment im Leben des Ulrich Schacht, den man 1976 in die Bundesrepublik vertrieben hatte. »Ich glaube«, schreibt der heute in Hamburg lebende Schriftsteller in einem Essay über *Poesie und Identität im geteilten Deutschland,* »daß Heimat, der Ursprungs-Ort menschlicher Identität, tatsächlich nicht beliebig ist. Das heißt: Landschafts-Profile oder Stadt-Silhouetten als Bestand-Teile verschiedener nationaler Kontexte können irgendwo ähnlich sein, vergleichbar – nie aber sind sie derselbe Zeit-Raum, der unsere eigene, ureigene Unverwechselbarkeit mitbegründet. Insofern ist Heimat und damit Identität natürlich an Ländereien gebunden, die – wenn sie gespalten werden oder verloren gehen – einen Riß durch uns nach sich ziehen, einen bodenlosen Verlust.«

Es macht ihn glücklich, diesen Verlust überwunden, den existentiellen Riß gekittet zu haben, nun freut er sich, die Stätten seiner Kindheit wiederzusehen, die Stra-

Heimo Schwilk und Ulrich Schacht im Gespräch mit der Wismarer Bürgermeisterin Dr. Rosemarie Wilcken. Links Kultursenator Jürgen Cremer ßen zu betreten, auf denen er erste Schritte hinein in ein von Zweifeln und Selbstzweifeln bestimmtes, stets gefährdetes Leben gegangen war. In der »Baustraße« zum Beispiel, die zu DDR-Zeiten »Rosa-Luxemburg-Straße« hieß. In der Nummer 38, im Parterre, wohnten die Großeltern, im Hinterhof gab es viel zu sehen, da hatte der Hufschmied seine Werkstatt. Vier Jahre, von 1954 bis 1958, waren die Pferdeställe und der hitzige Bezirk um den Amboß herum das Revier des Jungen, der die ersten drei Jahre seines Lebens bei Pflegeeltern verbrachte, weil seine Mutter als politischer Häftling im Frauengefängnis Hoheneck eine langjährige Haftstrafe abbüßte. Der Schuppen im Hinterhof ist inzwischen verschwunden und gibt den Blick frei auf die romantische Ruine der St.-Georgen-Kirche, deren bröckelnde Fassaden und Pfeiler die Altstadtkinder zu gefährlichen Klettertouren reizten. Mit Unterstützung der Deutschen Stiftung Denkmalschutz, mit Mitteln von Bund, Land und Stadt soll die einstmals größte Kirche Wismars bis zur Jahrtausendwende wiedererstehen.

An »Abenteuerspielplätzen« hatte die Stadt vor 1989 einiges zu bieten, dafür sorgte schon der städtebauliche Unverstand des SED-Regiments, dessen Devise auch in Wismar lautete: »Ruinen schaffen ohne Waffen«. Neben dem Trümmerfeld um die gesprengte Marienkirche, wo die Jungen »Krieg« spielten, übten die Dachböden der alten Speicher und Bürgerhäuser eine magische Anziehungskraft aus. Später, da wohnte er mit der Mutter bereits in der Böttcherstraße, verschaffte sich der Vierzehnjährige Zugang zum Boden des städtischen Museums oder zu vergessenen Aktenbeständen im historischen Gerichtsgebäude »Fürstenhof«, wo er allerlei Schätze und Geheimnisse vermutete. Immerhin gelang es ihm, ein paar interessante Papiere zu retten.

Zu dieser Kindheit gehörten auch die regelmäßig auf der Insel Poel verbrachten Ferien-Sommer beim Großonkel Ulrich Schachts, dem Bäckermeister Fritz Kantler in Kirchdorf. Hier lernte er die natürliche Geselligkeit eines alteingesessenen Handwerkerhaushalts kennen, die ganz von der patriarchalischen Großzügigkeit des Onkels geprägt war: Am täglichen Mittagstisch saß man einträchtig versammelt – vom Lehrling bis zur Mutter des Familienoberhaupts, dabei auch Katze, Hund und zahme Dohle.

In jenen Sommertagen erfreute sich der Junge an der Stille der Kirchsee, den Geheimnissen der alten Festungsanlagen um die Inselkirche und am Blick über die Wismarsche Bucht, der die Silhouette der nahen Heimatstadt unter wechselnden Wettern verzauberte. Hier wurzeln jene präzisen lyrischen Bilder, die das poetische Werk Ulrich Schachts bis heute auszeichnen, archetypische Landschaften, die in späteren Gedicht-Zyklen – vom Negev in Israel bis zu den Färöern im Nordatlantik – verwandelt wiederkehren: »Brandung, lautlos / schlagen die Wolken / auffluten ihr Weiß in / die stürzenden Wiesen: Grün // das / ertrinkt. Schreie / der Vögel über dem / Lichtsteg bis in / mein Auge / entfernt / sich // der / Grund.« *(Vor Stora Dimun)*

Die drei großen Kirchen Wismars, herausragende Beispiele norddeutscher Backstein-Gotik, bedeuten viel für Ulrich Schacht, der in Rostock und an der Predigerschule in Erfurt Theologie studierte und aus dem Glauben seine Kraft der politischen Widerrede bezog. Wie für Ricarda Huch sind es diese »brandroten Schlacht-

Am Anleger des Fischerortes Timmendorf auf Poel

Heimo Schwilk und Ulrich Schacht auf einer Brücke
über die »Frische Grube«. Im Hintergrund St. Nikolai

schiffe«, die sein Wismar-Bild prägten, nicht nur als mächtig beherrschende Silhouette, sondern auch als Binnen-Raum eines dem Kollektiv entzogenen Bezirks, der Stille ermöglichte, meditative Einkehr und Abgrenzung. Aus der Ferne, dem erzwungenen Exil, schrieb er 1985 im Gedicht: »Haarfein / am Horizont der / Turm, chorlos, die / Nadel sticht: Zu / seinen Füßen, an der / Reling, steht ein / / Mensch Ich / halt den Kopf im / Nacken in den Wind die / Wolken Tauben Möwen / Schwärme über mir / lautloses Bild / Du bist / / Orplid / mein Land! Das / ferne schweigt wohl / an die zwanzig Meilen und / zehn: Jahr / um Jahr.« *(Wismar von See her)*

Das Verdämmern der Stadt im bleiernen Gleichmaß eines kulturfeindlichen Staatssozialismus hat unübersehbare Wunden hinterlassen: »Sie haben meine Stadt zugerichtet wie Schläger eine Schönheit - immer ins Gesicht«, klagte der Dichter in einem Film, den der NDR 1990 über ihn in Wismar drehte. Damals stand er noch unter dem Schock der Wiederbegegnung. Jetzt ist Ulrich Schacht zuversichtlich, daß das Aufbauwerk gelingt, Wismar sich in naher Zukunft mit einer Stadt wie Lübeck messen kann.

Die wirtschaftlichen Voraussetzungen dafür sind in der Seestadt, die sich jetzt wieder »Hansestadt« nennen darf und über einen Haushaltsetat von immerhin 243 Millionen (1993) verfügt, gegeben. Die 1946 gegründete Mathias-Thesen-Werft wurde inzwischen vom Bremer Vulkan Verbund aufgekauft und beschäftigt 2400 Arbeiter. Zu DDR-Zeiten waren es noch 6000, doch sind mit dem Zusammenbruch der Sowjetunion und des Comecon zugleich die Absatzmärkte weggebrochen. Heute stellt die »MTW Schiffswerft GmbH« Chemikalien-

Ulrich Schacht und Heimo Schwilk bei einem Plausch
mit Bäckermeister Gerhard Thamm

Tanker und Container-Schiffe her, 14 sind derzeit in Auftrag. Das sichert die Beschäftigung bis ins Jahr 1997. Ein millionenschwerer Werftneubau auf der gegenüberliegenden Seite der Wismar-Bucht ist fest geplant.

Der Seehafen, mit 1400 Beschäftigten (heute: 250) einmal der zweitgrößte Umschlagplatz der DDR, leidet noch immer unter dem Wegfall traditioneller Schifffahrtslinien, geplant ist aber die baldige Eröffnung einer Fährlinie nach Norwegen. Die Ansiedlung privater Firmen im Hafengebiet kann die verlorene Tonnage etwas kompensieren, die von 2,5 auf 1,6 Millionen abgesunken ist.

Über Mangel an Beschäftigung kann sich auch Bäkkermeister Gerhard Thamm nicht beklagen, bei dem Ulrich Schacht von 1965 bis 1968 eine Bäckerlehre absolvierte. Man spürt, die Freude über den überraschenden Besuch ist echt, die Erinnerung an den Lehrling ehrlich: »Ja, der Ulrich war einer meiner Intelligentesten, aber Intelligenz schreit nicht so sehr nach Arbeit!« Die »fachlichen Voraussetzungen« habe er aber mitgebracht und die Bäckerprüfung mit »gut« bestanden. Das Gespräch im Hof, von dem aus man die aufragenden Mauern von St. Georgen sehen kann, wie fast von überall in der Altstadt, kreist aber nicht nur um Umsatzzahlen (die steigen) oder die fachliche Qualität der »Azubis« (die sinkt), auch Literarisches wird erörtert, Strittmatters Romane zum Beispiel, man tauscht Anekdoten aus, lacht. »Vieles war besser früher, sagen die Leute«, berichtet der Bäckermeister, der solch eine DDR-Nostalgie ablehnt, »aber zurück will keiner.« Im modernisierten Laden gibt es ein paar Brotsorten mehr, eine Kaffee-Ecke mit »Eduscho«, im Sommer Tische vor der Tür. Aber habe man nicht auch damals schon etliche Sorten Kuchen im Angebot gehabt? Echte Probleme gebe es, wie gesagt, halt nur mit dem Nachwuchs und den neuen Gesetzen, die Arbeit vor 6 Uhr nicht erlaubten. Dann zieht Bäcker Thamm duftende Brote aus dem 60 Jahre alten Ofen, von denen wir zwei mit nach Hause nehmen dürfen, dazu frischen Stollen. Der Abschied ist herzlich, der Dichter soll bald wiederkommen.

Ein Stück weit vom Laden die Straße aufwärts, in der Böttcherstraße, steht das Haus, wo Ulrich Schacht mit Mutter und Schwester bis 1973 lebte. Graue Häuserfronten und parkende Trabis schaffen das spezifische DDR-Ambiente, aber das weißgetünchte Haus 16 a gibt einen Hinweis, wie es hier einmal aussehen könnte – und in fernen Zeiten einmal ausgesehen haben mag. Im obersten Stock die Wohnung der Mutter Wendelgard Schacht, die auf der Werft als Sekretärin arbeitete. Ein Schriftzug am Eingang des neugestrichenen Gebäudes bezeugt Veränderungen: »Zimmerreservierung bei Kasperath WC Dusche Frühstück«. Auch war hier der Hinterhof, wo »der Birnbaum meiner Kindheit mit seinen gelben Butterbirnen« stand, das Stück Heimat, das die Bilder der Erinnerung prägte.

Von diesem Haus wurde Ulrich Schacht am Morgen des 29. März 1973 von acht (!) Mitarbeitern der MfS in die Untersuchungshaft nach Schwerin verbracht. In der Böttcherstraße schrieb er seine Gedichte und jene Texte, die im Urteil des Oberrichters Passon (Aktenzeichen: 1BS 20/73 – 211-43-73) des Bezirksgerichts Schwerin als »Hetzschriften gegen die Repräsentanten der Partei- und Staatsführung der DDR, gegen die Arbeiterklasse, gegen die Grenzsicherungskräfte der DDR

Die Böttcherstraße. In Nr. 16 a (das helle Haus links) hat Ulrich Schacht bis zu seiner Verhaftung gewohnt

und die Staatsführung der Sowjetunion« bezeichnet werden.

Im Gespräch mit der Bürgermeisterin, die sich vor 1989 politisch nicht betätigt hatte, wird auch das Thema »Staatssicherheit« nicht ausgespart. Ulrich Schacht hat seine Stasi-Akten bei der Gauck-Behörde in Berlin und Schwerin (Operativvorgang »Vereinigung«) gelesen und inzwischen Teile daraus veröffentlicht. Auch Rosemarie Wilcken hält die Akteneinsicht für absolut notwendig. »Ich möchte schon auch persönlich wissen, wer sich da in mein Leben geschlichen hat, auch wenn dies vielleicht schlimme Enttäuschungen bringen kann.« 1960 hatte sie einen Ausreiseantrag gestellt, deshalb vermutet sie, daß es auch über sie einen Aktenvorgang gibt: »Ich hoffe doch, daß ich denen aufgefallen bin.« Der Gedanke, zur schweigenden Mehrheit gehört zu haben, scheint die Politikerin zu beunruhigen, die mit anderen in Wismar für den friedlichen Wandel im Herbst 1989 gesorgt hat. Ihr Stoßseufzer »Ich danke dem lieben Gott jeden Tag für das Ende der DDR!« klingt echt. Das Buch, das ihr Ulrich Schacht am Ende in die Hand drückt, will sie bald lesen: *Gewissen ist Macht – Notwendige Reden, Essays, Kritiken zur Literatur und Politik in Deutschland,* Bilanz einer immer an der Freiheit und Würde des Menschen orientierten und deshalb glaubwürdigen Existenz in einem schwierigen Land, das liebend zu beschreiben Ulrich Schacht nicht müde wird.

Ulrich Schacht

Zimmer zum Markt
Notizen über das Heimkehren

Dezember 1989. Seit einem Monat war die Mauer gefallen und das innerdeutsche Grenzregiment de facto zusammengebrochen. Nach sechzehnjähriger Zwangsabwesenheit hatte ich schon am 10. November Ost-Berlin wieder betreten, war am 4. Dezember mit der ersten Lufthansa-Maschine von Hamburg nach Leipzig geflogen, um am Abend, wie Tausende andere auch, das spektakuläre Biermann-Konzert in einer eiskalten Messehalle zu erleben.

Nun hatte ich also wenigstens jene beiden Orte wiedergesehen, in denen ich noch kurz vor meiner Verhaftung im März 1973 gewesen war – Orte des Widerstandes, des halbkonspirativen Gegen-Lebens zum totalitärharmonischen offiziellen. Dabei gleichzeitig Areale, die im deutschen kommunistischen Herrschaftsbezirk schon lange überobserviert wurden.

Orte einer Diktatur – der zweiten deutscher Provenienz –, der in genau dieser Zeit massiv westdeutsche und internationale Anerkennung und damit eine unangemessene moralische Aufwertung und politische Legitimation zuwuchs.

Doch *der* Ort, an dem ich Kindheit und Jugend verbracht hatte, der in zweiundzwanzig Lebensjahren auf natürlichste Art und Weise Teil meiner Existenz geworden war und der mir deshalb in den darauffolgenden knapp vier Haft- und gut dreimal soviel westdeutschen Freiheitsjahren schmerzhaft fehlte – *dieser* Ort war mir zu dem Zeitpunkt noch immer nicht unter Augen und Füße gekommen.

Wenn ich heute darüber nachdenke, will mir scheinen, daß es wohl nicht nur die damals noch existierenden bürokratischen Rudimente der alten innerdeutschen Grenze waren, die mich unbewußt davon abhielten, Wismar sofort wieder zu besuchen. Es war wohl auch ein uneingestandenes Ahnen dessen, was Camus in seinem Essay *Heimkehr nach Tipasa* so eindringlich und warnend zugleich notiert hat: »... es ist heller Wahnsinn, den man meistens büßen muß, wenn man an die Stätten seiner Jugend zurückkehrt und mit vierzig Jahren wieder zum Leben erwecken will, was man mit zwanzig so geliebt und genossen hat.«

Und so bedurfte es noch einiger grauer Dezembertage sowie einer Einladung des Parchimer Neuen Forums, um mich auf den langersehnten Weg zurück in jene Stadt und jene Landschaft zu bringen, die spätere nie zu verdrängen vermocht hatten. Ein enger Freund fuhr mich in Richtung Grenze, die schon keine mehr war, aber noch chaotisch genug, um steckenzubleiben: Wir sollten an jenem 13. Dezember gegen 17 Uhr in Parchim sein, um auf dem Marktplatz zu sprechen – doch ein Visum, das nach wie vor nötig war, besaßen wir nicht, und die Zeit war zu knapp, sich in Ost-Berlin eins zu besorgen. Und so redeten wir uns mit allen Tricks sarkastischer Schmeichelei und kumpelhaften Getues bis an die Grenzlinie von Gudow vor, liefen bei einem Major auf, der sich verständnisvoll gab, aber uns schließlich sagte, ohne Visum ginge wirklich nichts, und der uns dann doch vertraulich-geheimnisvoll zuflüsterte: »Ich schlage Ihnen jetzt mal ein illegales Ding vor: Fahren Sie einfach los und biegen dann von der Transitstrecke nach Schwerin ab, melden Sie sich bei der Volkspolizei und lassen Sie sich von denen die Aufenthaltsgenehmigung geben. Und wenn die komisch werden, sagen Sie einfach, das hätte man Ihnen hier gesagt! Viel Glück und gute Reise!«

Wir haben keine Sekunde gezögert, diesen Vorschlag zu beherzigen. Bald waren wir in Schwerin, doch die Bezirksbehörde der Volkspolizei hatte zu. Also lotste man uns mit einem grünweißen Moskwitsch durch die zerfallende alte Landeshauptstadt Mecklenburgs, hin zur Kreisbehörde der Polizei, wo uns für einen Moment alte Arroganz entgegenschlug, die sich jedoch alsbald in Gönnerhaftigkeit auflöste: Bis Mitternacht dürften wir bleiben, und zahlen müßten wir auch nichts.

Vor der Tür atmeten wir tief durch, aber nicht wegen eines ausgestandenen Schreckens, sondern um aufkommendes Lachen zu unterdrücken. Der folgende Gang durch die Innenstadt Schwerins, im Schneetreiben und unter fahlem Licht, ließ mir jedoch das Lachen vergehen. Auch Schwerin hatte ich seit 1973 nicht mehr gesehen, und was sich meinen Augen jetzt bot, verhieß auch für das nahe Wismar nichts Gutes.

Für den Bruchteil einer Sekunde war ich versucht, sofort nach Parchim weiterzufahren. Dort wartete man ohnehin schon auf uns, und Wismar, Wismars zu erwartendes Entstelltsein würde mir so noch etwas erspart bleiben. Doch es hielt mich nichts mehr wirklich, und bald fuhren wir auf der alten Chaussee zwischen lieblicher Landeshauptstadt und stolzer Hansestadt in Richtung Meer ... Jetzt war ich dankbar, daß es schon dunkel war und grau und Schnee in dichten Schauern herabfiel ... Dieses doppelt und dreifache Verhüllen würde das verwundete Gesicht der Stadt zurücknehmen und die eigene Glückstrauer nach innen drängen ...

Endlich tauchten wir ein in das Weichbild meiner Heimatstadt, passierten die Stadtgrenze, stießen zum Markt vor und stellten den Wagen in einer Seitenstraße ab, und nun ging ich, wie Camus es beschrieben hatte, »verwirrt durch dieses einsame und nasse Gelände und versuchte, wenigstens jene Kraft wiederzufinden, die mir bisher treu geblieben war und die mir hilft, das Unabänderliche hinzunehmen. Ich konnte die Zeit nicht rückgängig machen und der Welt jenes Antlitz wiedergeben, das ich geliebt hatte und das eines Tages, schon vor langem, verschwunden war.«

Fast stumm führte ich meinen Freund durch meine Stadt, die mir wie ein lebender Leichnam vorkam, wie Kubins Perle auf der »anderen Seite«. – Ja, ich erkannte wieder, was mich als Kind und Jugendlichen begeistert hatte, was mir vertraut gewesen war: Gassen und Giebel, Türme und Plätze, Handwerksbetriebe und Privatgeschäfte, Straßenpflaster und Kaimauern. Daran änderten auch Nebel und Schnee nichts, im Gegenteil: sie verhüllten alles bis in eine gewisse Kenntlichkeit. Doch dahinter, dahinter zeigte sich nun etwas, was früher so nicht zu sehen gewesen war: ein Ausmaß an Zerfall und Zerstörung, an Vernarbung und Gleichgültigkeit, an Geschundensein und Verlassenheit, das sich zugleich bis in die Gesichter und Körperhaltung der Menschen fortsetzte, die an uns vorbeiliefen ...

Ich gebe zu, ich wollte in diesem Moment von keinem

gesehen, erkannt werden, obwohl es doch zugleich übergroßen Grund zur Freude gegeben hätte. Nein, ich wollte mir die Freudentrauer der Stunde von keinem zerreden lassen, wollte die erstaunlich deutliche Überschaubarkeit meiner Stadt, die mir doch unendliches Lebensfeld gewesen war, in diesen Minuten annehmen und nach innen hin erweitern, in jene Richtung also, die in der Zeit der Trennung dafür gesorgt hatte, daß auch die folgenden Sätze aus *Heimkehr nach Tipasa* für mich galten: »Doch spürte ich dunkel in all diesen Jahren, wie mir etwas fehlte. Wer je das Glück hatte, einmal heftig zu lieben, wird sein Leben verbringen auf der Suche nach dieser Glut und diesem Licht.«

Einen letzten Funken von dieser Glut und diesem Licht wollte ich an diesem Tag und in dieser Dunkelheit wahrnehmen, und es gelang: Er wurde mir zuteil in dem nicht enden wollenden Händedruck der Mutter eines engen Freundes, in ihrem Sprachlossein über die wiedergewonnene Möglichkeit dieses vertrauten Händedrucks. Er lebte in dem überraschten leisen Aufschrei der jungen Verwandten, die mich erkannt hatte: das abgewandte Gesicht, hinter Schneefall und Dunkelheit. Er fand sich in den unzerstörten Linien der Straßenfluchten und Giebelreihen, der Kirchtürme und der Hafenweite am Meer, die mir unverfälschbares Symbol jener Freiheit gewesen war, als Freiheit nicht mehr existierte und nur noch mit der gefährlichsten Waffe des gefesselten Menschen, seinem Freiheitsbewußtsein, verteidigt werden konnte.

Ich habe Wismar an jenem Abend mit der inneren Zuneigung verlassen, die mir nie und nirgends abhanden gekommen ist. Eher war größer und intensiver geworden, was mich an diese Stadt band, hatte sich – trotz aller hinter mir liegenden Zwangsdistanz und momentaner Gefühlswirren – nur zu genau bestätigt, was Maurice Halbwachs in seinem Text über *Die Steine der Stadt* geschrieben hat: »Aber wenn die Steine sich auch versetzen lassen, so kann man doch nicht ebenso leicht die Beziehungen verändern, die zwischen den Steinen und Menschen entstanden sind.«

Stunden später stand ich in Parchim auf einem Lkw-Anhänger und redete offen und laut der Einheit der Nation das Wort und damit gegen ihre damals wie heute zahlreichen Verächter: Ruhig und zustimmend bewegten die Parchimer Revolutionäre ihre schwarzrotgoldenen Fahnen, und langsam rollte ihr: »Jawohl, recht hat er!« über den Platz. Der Abend mit alten Freunden aus frühen Tagen des Kampfes auf scheinbar verlorenem Posten wurde lang ... Ich war, bei aller Blickwinkelveränderung, doch kein Fremder geworden, wie ich ein paar Jahre zuvor in einem meiner Wismar-Gedichte befürchtet hatte ...

November 1993. Inzwischen kann ich die Stunden in Wismar nicht mehr zählen. Was die Familie betrifft, so sind zwar nur noch Gräber zu besuchen. Aber Freunde gibt es noch, und neue Freunde sind hinzugekommen: Lehrer und Schüler alter oder neu gegründeter Gymnasien, die mich zu Gesprächen und Lesungen geladen hatten. Auch mein ehemaliger Lehrmeister freut sich über jeden Besuch. Gespräche mit Buchhändlern, Archivräten und Stadtpolitikern ... Pläne, Ideen, die sich um dieses Wismar drehen, um die Zukunft der Stadt unter den Bedingungen der Freiheit, die nicht ohne Verwerfungen und Forderungen, vor allem für die Seelen, daherkommen ... Und war es 1989 der furchtbare Zerfall, der mich schockierte und empörte, so müssen wir uns inzwischen einer Invasion der Gelacktheit und Designschablonierung erwehren. Die deutsche Neigung zur aseptischen Glätte, was Häuser und Straßen, Plätze und Vorgärten, Kneipen-, Läden- und Hotelinterieurs betrifft, kommt nun westdeutsch potenziert daher ... Natürlich ist es begrüßenswert, wenn die architektonische Pracht der alten Hansestadt auch mit Hilfe von Banken wiederersteht. Aber muß der Fassadenglanz der Haus- und Giebelfluchten um den Marktplatz herum tatsächlich mit fünf klobigen, vertikal in den prachtvollen Raum hineinragenden Geldautomatenhinweisen versehrt werden? Verlangen barocke Giebel, großartig restauriert, nicht nach stilistisch korrespondierenden Türen und Fenstern? Ich könnte weitere spießig-saubere Plattheiten, Irrtümer und Geistlosigkeiten nennen, aber das wäre doch nur die eine Bilanz.

Die andere, weitaus größere sieht alle Details und Dimensionen einer in Wiederauferstehung befindlichen Stadtgestalt und der ihr zugehörenden Menschen, und an einem dieser Tage im November 1993, als ich mein Zimmer im wiedererbauten Hotel »Stadt Hamburg« betrat, ein Zimmer mit Blick zum Markt, und ich das anmutige Zentrum meiner Stadt im meergehärteten Licht eines nördlichen Spätherbsttages sah, da geriet er leicht und wie von selbst in meinen Kopf, jener andere Satz aus *Heimkehr nach Tipasa,* von dem ich immer gehofft hatte, daß auch ich ihn einmal würde sagen können, zutreffend und also Wirklichkeit beschreibend. Die Wirklichkeit meiner geretteten Stadt, der ich auch in den Zeiten ihres Verlorenseins nur treu sein konnte: »Ich fand jene frühere Schönheit wieder, den jungen Himmel, und erkannte mein Glück, daß ich durch die ärgsten Jahre des Wahns hindurch die Erinnerung an diesen Himmel mir bewahrt hatte. Er war es, der mich vom Verzweifeln abgehalten hatte.«

SAGENHAFTES

Willy Krogmann

Der Name der Stadt Wismar

Es genügt, festzustellen, daß der Name »Wismar« nicht zuerst von der Stadt, sondern schon früher von einem Wasserlauf gebraucht wurde, der heute zum Mühlenteich aufgestaut ist. Daneben wird, allerdings erst um 1260, ein Dorf Alt-Wismar erwähnt, das aber sicher den Namen schon ebenso lange wie der Bach trägt. Nach ihm wird die Stadt genannt sein, da es ihr als »Alt-Wismar« entgegengesetzt ist. Einer richtigen Erfassung dieser Verhältnisse stand bisher ein Mißverständnis entgegen. Aus der häufig auftretenden Wendung »stad to der Wissemer«, die man mit »Stadt an der Wismar« übersetzte, schloß man, daß die Stadt von dem Wasserlauf ihren Namen erhalten habe. Dies ist falsch. Das »to« wird wie das mittelhochdeutsche »ze« in »diu burc ze Bechelaren« u.a. gebraucht. Ähnlich heißt es z.B. »stad to Lubeke, gud tu Redewysch, stad to Robele, land to Rostock, dorp to demme Jordenshaghene, stedeken to dem Brulen«.

Für die Deutung des Namens »Wismar« ist es nun erforderlich, die älteste erreichbare Form zu gewinnen. Hierfür ergeben die Urkunden, wenn man von den Latinisierungen absieht, »Wissemer«. In dieser Gestaltung tritt uns der Name zuerst in einer 1211 bestätigten, gefälschten Urkunde entgegen, die auf das Jahr 1171 ausgestellt ist. Die Formen auf »-mar« sind wahrscheinlich durch gelehrte Angleichung an Ortsnamen entstanden, die auf diese Endung, die vermutlich mit dem lateinischen »mare« = »Meer« in Verbindung gebracht wurde, ausgingen. Der Erklärung muß die Namensform »Wissemer« zugrunde gelegt werden. Bevor wir aber zu ihr selbst übergehen, ist es notwendig, die Kardinalfrage zu entscheiden, ob der Name germanischen oder slavischen Ursprungs ist. Hierfür ist es wichtig, alle gleichlautenden Ortsnamen zu einem Vergleich zusammenzustellen.

Wenn wir uns auf die deutschen Vorkommen des Namens beschränken und von polnischen und russischen wie »Wyschomersh« und »Wysmershize« absehen, so findet sich der Name »Wismar« noch an vier Stellen. Bei Strasburg in der Uckermark liegt ein Dorf Wismar, bei Rohrberg in der Altmark finden sich die Ortschaften Groß- und Klein-Wismar, bei Naugard in Pommern tritt uns das Kirchdorf Wißmar und schließlich bei Gießen im Kreis Koblenz das Dorf Wißmar entgegen. Mit Ausnahme des letzten Namens könnten die Benennungen, rein siedlungsgeschichtlich gesehen, sowohl slavisch als auch germanisch sein. Der Name des Dorfes Wißmar aber läßt die beiden Möglichkeiten nicht zu, da dieses auf einem Gebiete liegt, das höchstens sehr früh auf kurze Zeit von Slaven besiedelt gewesen sein könnte. Hier wäre demnach germanischer oder u.U. auch keltischer Ursprung anzusetzen. Diese Scheidung wird durch die Namensüberlieferung bestätigt. Auch in dieser Hinsicht weicht der Name des Dorfes Wißmar von den übrigen ab, die jetzt durch eine Zusammenstellung mit Namen wie »Wissecuru (Wischuer), Wyssebor, Wyssegrod« zwingend als slavisch betrachtet werden müssen. Wenn auch in Bezug auf die Ortschaften Groß- und Klein-Wismar und das Kirchdorf Wißmar wegen der verhältnismäßig späten Überlieferung keine sichere Entscheidung gefällt werden kann, so spricht die Anzahl der in der Nähe liegenden slavischen Ortsnamen doch für eine Zuordnung zur slavischen Gruppe. Zu dieser mag übrigens auch noch der Name des Dorfes und Gutes Weßmar bei Gröbers im Kreis Merseburg gehören. Auf jeden Fall aber ergibt sich für die Namen der Stadt und des Dorfes Wismar slavischer Ursprung. Mit beiden haben wir uns von nun ab in der Hauptsache zu beschäftigen. Auf ihre Erklärung kommt es uns jetzt an. Den Namen des Dorfes Wißmar wenigstens scheiden wir aus unserer Betrachtung aus.

Die slavischen Ortsnamen zerfallen in zwei große Gruppen. Entweder werden sie aus Gattungsnamen gebildet, oder aber sie gehen, was bei der Mehrzahl zutrifft, auf Personennamen zurück. Betrachten wir zunächst die erste Gruppe, so ist festzustellen, daß die ihr zugrundeliegenden Begriffe Boden, Wasser, Farben, Pflanzen, Tiere, Umzäunung (Haus), Beschäftigung, Werkzeuge, politische und religiöse Einrichtungen betreffen. Diese Bildungsart ergibt aber für den Namen »Wismar« nichts. Es könnten für »-mer« höchstens zwei Wörter herangezogen werden, die aber beide sonst nicht in Ortsnamen nachgewiesen sind. Auch ist das eine aus dem Arabischen, das andere aus dem Illyro-Romanischen entlehnt. Beide kommen so schon aus geographischen Gründen nicht in Betracht.

Ergiebiger ist es, »Wismar« als Personennamen zu fassen. Die Personennamen, auf die die slavischen Ortsnamen zurückgehen, werden auf verschiedene Weise gebildet. Für unsere Betrachtung ist nur die an sich kleinere Gruppe der zusammengesetzten Personennamen ins

Auge zu fassen. Auf Grund einer genauen Vergleichung dürfen wir dabei annehmen, daß dem zweiten Gliede des Namens »Wissemer« die Bedeutung »Ruhm, Ansehen« zukommt. »-mer« ist demnach mit dem althochdeutschen »-mar« in Namen wie »Hlodomar, Volkmar«, verwandt, das sich noch in »Waldemar« u.a. findet.

Betrachten wir nun den ersten Bestandteil des Namens »Wismar«, so sind zwei Möglichkeiten vorhanden. »wisse« bedeutet entweder »hoch« oder »all, ganz«. In beiden Fällen wird »mer« also durch das hinzutretende Wort verstärkt. Eine Entscheidung zwischen ihnen ist nicht möglich. Auch die Tatsache, daß, während die Namen der Stadt und des Dorfes Wismar weiblichen Geschlechts sind, z.B. der Name der Ortschaften Groß- und Klein-Wismar männlich auftritt, ist ohne Belang, da je nach dem zu ergänzenden Hauptwort alle drei Geschlechter verwendet werden können.

Da sich so nicht der geringste Anhalt bietet, eine der beiden angegebenen Möglichkeiten auszuscheiden, so müssen wir darauf verzichten, die hier offen bleibende Frage zu lösen. Wir müssen uns damit begnügen, festzustellen, daß der Personenname »Wissemer« entweder als »wisse-mer« = »der Hochberühmte« (vgl. althochdeutsches »Hohmar«) oder als »wisse-mer« = »der Allberühmte« (vgl. althochdeutsches »Alamar«) zu fassen ist, der Ortsname »Wissemer« aber entweder »Ansiedlung des ›Hochberühmten‹« (vgl. »Hohmareshusen«) oder »Ansiedlung des ›Allberühmten‹« bedeutet.

Aus dem ältesten wismarschen Stadtbuch

Das erste Blatt mit dem Ratsregister von 1250

1. Bi der tit, dat her Thitmar uan Bucowe unde her Radolf de Vrese, spreken der stades wort to der Wissemare vnde her Marquart de smith vnde her Arnolt Mule vnde her Heinrich uan Dortmunde vnde her Heinric uan Coperen des rades plagen, her Geltmer de vleshhowere uer euenede sic bi sines wiues leuende unde dode mit iren eruen also, dat he sint mer van nenen iren eruen dur reht negene not liden ne darf. – 2. Her Radolf van Mandrowe kofte en hus weder heren Fredeleue vnde uan Wasberne, sinen sone, unde vŏr dar mede na stades rehte. – 3. Her Johan de herincwasscere let up urŏwen Iden, sineme wiue, bi irer beider leuende al sin gŏt unde se ime dat silue weder, dat nen ere erue na ireme dode dat gebreken ne mach. – 4. Her Gerart uan Gnewesmolen let up vrowen Reinside, sineme wiue, bi irer beider leuende al sin gŏt na stadis rehte unde se ime dat selue weder; tve marc penninge besprac he dar untbuten, [de] beschet he to geuende sines broder dohter; vnde se besprac ut irer dohter to geuende ene marc penninge unde ire kledere. – 5. So gedan erue, also her Thideric uan Bruneswic kofte weder herren Ludolue den timmerman unde sine eruen, dat let he eme up uore deme rade, so dat iummer stede wesen sal. – 6. Her Herebord let up vrowen Alburge unde se ime weder bi erer beider leuende uor deme rade al ire gŏt, dat nen ire erue dat gebreken nemag. –

Kurt Biesalski

WISMARSCHE SAGEN
Das Teufelsgitter in der Marienkirche

Es war im Jahre 1344, daß ein Schlossergeselle aus Wismar sich in die Tochter seines Meisters verliebte, von dem aber abgewiesen wurde, weil er arm war. »Bringe hundert Goldgulden zum Mahlschatz!« forderte der Meister. »Dann ist sie dein.« Hundert Gulden – soviel Geld hatte der junge Geselle aber sein Lebtag noch nicht gesehen.

Als ihn in seiner Not nun der Weg zufällig am Tor der Marienkirche vorüberführte, trat aus dem schattigen Portal ein düster aussehender Mann hervor, der sich jedoch freundlich gab und den Gesellen nach seiner Bedrückung fragte. Der glaubte, es wäre wohl der Pfarrer von Sankt Marien, und antwortete, so und so wäre seine Lage, er wüßte nicht, wie zu dem Gelde kommen. Dem wäre abzuhelfen, erwiderte der Herr mit Höflichkeit und winkte, ihm zu folgen. Hintereinander betraten sie dann die Kirche, und der Geselle meinte, der merkwürdige Herr hätte wohl ein kürzeres Bein, denn er sah, wie er an einem Stock ging und ein wenig hinkte. Vor dem Taufbecken angekommen, wies der Fremde mit dem Stock in die Runde und trug dem jungen Schlosser auf, ein Eisengitter rings um den Taufstein herum anzufertigen. Kein Meister hätte den Auftrag bisher übernehmen wollen, beklagte er sich, so solle dann er, der Geselle, sich daran versuchen. Allerdings gäbe es eine kleine Bedingung: Das Gitter müsse an einem einzigen Tag gefertigt werden – akkurat in der Zeit zwischen dem ersten Hahnenschrei und Schlag eins nach Mitternacht. Schaffe der Geselle das, so wären die hundert Goldgulden sein. Schaffe er es aber nicht – dabei lächelte der Herr mit einem Augenzwinkern – dann, ja, dann gehöre der Geselle ihm ...

Nun begriff der junge Schlosser endlich, mit wem er es hier zu tun hatte. Doch er ließ sich nicht weiter verblüffen, sondern nahm geduldig Maß und stellte seine Berechnung an. Währenddessen hatte der andere Mühe, dem Kruzifix am Altar fortwährend seinen Rücken zuzuwenden. Schließlich stimmte der Geselle zu, ja, den Auftrag wolle er übernehmen. Und er unterzeichnete den Vertrag nicht anders als mit seinem Blute.

Noch am selben Abend trug er sein Werkzeug in die Kirche und legte es griffbereit nieder, denn er wollte anderntags keine Minute versäumen. Und am nächsten Morgen stand er in aller Frühe neben dem Taufbecken und wartete auf den ersten Hahnenschrei. Kaum hörte er den, da begann er auch schon mit der Arbeit. Den ganzen Tag über hämmerte, bog und nietete er mit äußerster Eile und Geschicklichkeit, ohne auch nur einen einzigen Augenblick auszuruhen, und das kunstvoll geschmiedete Gitter näherte sich mehr und mehr seiner Vollendung. Doch als die Mitternacht vorbei war und die große Turmuhr zum Schlag eins anächzte, hatte der junge Schlosser einen einzigen Stift noch nicht eingenietet. Und er sah, er würde es auch nicht mehr schaffen. Da warf er sich in seiner Verzweiflung auf die Knie, denn er wußte, was nun mit ihm geschah. Im selben Augenblick schlug die Uhr auch schon gewaltig eins, ein fürchterliches Geheul nahte von oben heran, und der junge Schlosser erhielt einen Schlag, daß er besinnungslos zu Boden fiel.

Nach einiger Zeit aber erwachte er wieder. Er blickte um sich: Da lag neben ihm der Kontrakt auf dem Kirchenfußboden, und auf selbigem, fein säuberlich aufgestapelt, stand golden blinkend ein Türmchen von hundert Gulden. Der Geselle glaubte seinen Augen nicht zu trauen. Doch dann begriff er: Der Gottseibeiuns muß wohl ein Einsehen gehabt und in seinem besonderen Falle Gnade vor Recht ergehen lassen haben. Gern hätte er dem hinkenden Herrn dafür gedankt, doch der war nirgendwo zu entdecken. So machte er sich auf den Weg zu seinem Meister und trug ihm auf, das Brautmahl anzurichten. Er sei bereit, sagte er mit gutem Stolz, die Forderung zu begleichen.

Viele Menschen bewunderten seither die einzigartige Eisenarbeit am Taufstein der Wismarer Marienkirche. Sie wurde geborgen, als die Kirche im letzten großen Krieg zerstört worden ist. Das Gitter erweckt den Anschein, als wäre es nicht anders als aus lauter ineinandergeflochtenen Eisenstricken kunstvoll zusammengefügt. Jenes eine Loch aber ist bis zum heutigen Tage ohne Niet geblieben.

Das schöne Bleichermädchen

Vorzeiten kam es manchmal vor, daß unschuldige Mädchen verführt wurden. So geschehen ist es vor langer Zeit in Wismar. Es soll sich dabei um ein lustiges, hübsches Kind gehandelt haben, dem alle Leute zugetan waren. Und das Mädchen selbst, so wird berichtet, hätte sich auf die fröhlichste Weise mit den Menschen aus der Nachbarschaft verbunden gefühlt – mit all den Gerbern und Wäscherinnen, den Küfern, Fuhrleuten und Fischhändlerinnen – und selbst die frechen Gassenjungen, denen es manchmal Bleicherlauge über die Füße goß, wären ihm trotz grober Neckereien zugetan gewesen.

Da geschah es, daß sich der Sohn eines reichen Kaufmanns in das Mädchen verliebte. Und obgleich das brave Kind wohlunterrichtet darüber war, daß Arm nicht zu Reich gehörte, erlag es am Ende doch den schmeichlerischen Reden des jungen Mannes – vor allem aber auch seinem gesitteten Umgang, den prächtigen Kleidern und nicht zuletzt auch seinen auserlesenen Geschenken. Oft und öfter trafen die beiden in aller Heimlichkeit zusammen. Und es kam der Tag, an welchem der junge Mann das Mädchen immer weiter von der Bleicherwiese fortführte – hin zu einem lauschigen Ort, wo es sich ihm dann in Liebe ergab.

Kaum aber hatte der Bursche sein Ziel erreicht, da vernachlässigte er das schöne Kind. Immer seltener suchte er das Mädchen auf; und wenn er einmal kam, dann führte er oberflächliche Reden. Was dem Mädchen indessen verborgen blieb: Der Vater des jungen Mannes hatte denselben inzwischen mit der Tochter eines reichen Ratsherrn verlobt. Verzweifelt aber wurde die Lage der Verführten, als sie bald spürte, daß sie ein Kind unterm Herzen trug. Da kam sie nicht umhin: Auf einem der selten gewordenen Spaziergänge offenbarte sie sich dem vermeintlichen Liebhaber und verlangte, er solle sich nun auch öffentlich zu ihr bekennen und sie zur Frau nehmen. Dem jungen Kaufmannssohn wurde davon ganz wirr zumute: Mußte er doch befürchten, daß ihm das dumme Ding sein verheißungsvolles Verlöbnis mit der Ratsherrntochter zunichte machte. In seiner Not überkam ihn plötzlich der Gedanke, die Aufdringliche einfach ins nächstbeste Wasser zu stoßen und sich dadurch aus der Gefahr zu bringen. So führte er das Mädchen weiter und weiter fort, bis sie zu einem tiefen Gewässer kamen. Dort stieß er die Arglose überraschend hinein und eilte erleichtert vondannen, sobald sie versunken war.

Nach kurzer Zeit fand man die Leiche des schönen Bleichermädchens. Und weil man sogleich deren Zustand erkannte, glaubten die Leute, das Mädchen selbst hätte sich ertränkt, um der Schande zu entgehen. So wurde der Leichnam des armen Kindes am nächstfolgenden Dienstagabend, der Sitte nach ohne jegliches Zeremoniell, in der Dunkelheit zum Friedhof gefahren, wo er nach Art der Selbstmörder an der Mauer verscharrt werden sollte.

In dem Moment aber, als der Karren durch die Stadt geschoben wurde, erhellte sich die große Nikolaikirche in ihrem Inneren ganz überraschend von sämtlichen Lichtern. Und ohne daß der Organist zugegen gewesen wäre, erschallte sie von feierlicher Orgelmusik, und die Glocken im Turm begannen von selbst dröhnend zu läuten – ganz als werde ein Bürgermeister oder ein anderer Vornehmer aus der Stadt begraben. Da stürzten die Leute aus ihren Häusern auf die Straße hinaus und entblößten die Häupter vor dem Wunder. Sie schlossen sich dem Leichenzug an, so daß er lang und länger wurde, bis schließlich die Bewohner der ganzen Stadt dem Bleichermädchen ein feierliches Begräbnis bereiteten. Der Kaufmannssohn aber, einem letzten Rest seines Gewissens folgend, bekannte am Grabe der schaudernden Menge seine Schuld. Er wurde sofort ergriffen und wenige Tage später auf dem Richtplatz vor der Stadt als ein Mörder vom Leben zum Tode befördert.

Noch lange nach jenem Ereignis wurden an jedem Dienstagabend die Glocken der Nikolaikirche geläutet. Und fragte ein Fremder, was das zu bedeuten hätte, so antwortete man ihm, das geschehe zu Ehren des armen Bleichermädchens, welches die Bewohner der Stadt – all die vielen Wäscherinnen und Fischräucherer, die Gerber und Küfer, die Marktweiber, Kutscher und Hufschmiede und auch die Botenjungen auf der Straße – ins Herz geschlossen hätten.

Auch heute noch berührt das Schicksal des Bleichermädchens die Gemüter der Wismarer. Handelte es sich dabei doch um einen besonderen und durch die Umstände sogar berühmt gewordenen Fall von Mädchenverführung. Vielleicht war es sogar der einzige in der Stadt. Denn wie man hört, sollen ähnliche Schicksale von jungen Mädchen hernach nicht mehr bekannt geworden sein.

Eulenspiegel bei einem Wismarer Schuhmacher

Eulenspiegel hatte einmal einem Schuhmacher in Wismar beim Zuschneiden viel Leder verdorben und ihm damit großen Schaden angetan, so daß der gute Mann ganz traurig war. Das vernahm Eulenspiegel, und als er abermals nach Wismar kam, sprach er denselben Schuhmacher, dem er den Schaden zugefügt hatte, wieder an: er würde eine Ladung Leder und Schmalz bekommen, die wolle er ihm zu einem vorteilhaften Kauf anbieten, damit ihm sein Schaden wieder ersetzt würde. Der Schuhmacher sagte: »Ja, das tust du zu Recht, denn du hast mich zu einem armen Mann gemacht. Wenn du die Ware bekommst, so zeige mir das an.« Damit schieden sie voneinander.

Nun war es in der Winterzeit, und die Abdecker reinigten die heimlichen Gemächer. Zu denen kam Eulenspiegel und versprach ihnen bares Geld, wenn sie ihm zwölf Tonnen mit der Materie füllten, die sie sonst ins Wasser zu fahren pflegten. Die Abdecker taten dies, füllten ihm die Tonnen bis vier Finger unter den Rand und ließen sie so lange stehn, bis sie hart gefroren waren. Dann holte Eulenspiegel sie ab. Sechs Tonnen begoß er oben dick mit Talg und schlug sie fest zu; die anderen sechs Tonnen begoß er mit Schmer und schlug auch sie fest zu. Er ließ sie alle zum »Güldnen Stern«, seiner Herberge, fahren und gab dem Schuhmacher Nachricht. Als dieser kam, schlugen sie das Gut oben auf, und es gefiel dem Schuhmacher wohl. Sie einigten sich über den Kauf dahin, daß der Schuhmacher Eulenspiegel für die Ladung 24 Gulden geben solle, davon 12 Gulden sogleich in bar, den Rest in einem Jahr.

Eulenspiegel nahm das Geld und wanderte davon, denn er fürchtete das Ende. Der Schuhmacher empfing sein Gut und war fröhlich wie einer, der für einen Verlust entschädigt worden ist. Und er suchte Hilfe, weil er am anderen Tag Leder schmieren wollte. Viele Schuhmacherknechte kamen zu ihm, weil sie gutes Essen und Trinken erwarteten, gingen ans Werk und begannen laut zu singen, wie es ihre Art ist.

Als sie nun die Tonnen zum Feuer brachten und diese anfingen, warm zu werden, gewannen sie ihren natürlichen Geruch zurück. Da sagte jeweils einer zum anderen: »Ich glaube, du hast in die Hosen geschissen.« Der Meister sprach: »Einer von Euch hat in den Dreck getreten. Wischt die Schuhe ab, es riecht über alle Maßen übel.« Sie suchten alle umher, aber sie fanden nichts. Da begannen sie, das Schmalz in einen Kessel zu tun und wollten das Leder schmieren. Je tiefer sie kamen, um so übler stank es. Zuletzt wurde ihnen alles klar, und sie ließen die Arbeit stehn.

Der Meister und die Gesellen liefen, um Eulenspiegel zu suchen und ihn für den Schaden haftbar zu machen. Aber er war mit dem Geld hinweg und soll noch wiederkommen nach den anderen 12 Gulden. Also mußte der Schuhmacher seine Tonnen mit dem Talg zur Abfallgrube fahren und war so zu zweifachem Schaden gekommen.

HISTORISCHES

Wissmar 1744

Ein Lexikonartikel

Inhalt: § 1: Lage. § 2: Beschaffenheit. § 3: Belagerung. § 4: Schwedisches Tribunal. § 5: Merckwürdigkeiten.

§ 1. Diese ansehnliche Königlich-Schwedische Handels-Stadt, liegt in Mecklenburg an der Ost-See, 4 Meilen von Schwerin, 7 Meilen von Lübeck und 7 Meilen von Rostock.

§ 2. Sie soll An. 340 von einem alten Wandalischen Könige Wisimaro erbaut seyn, und von selbigen den Nahmen haben; es ist auch noch eine Kirche daselbst, zum alten Wißmar genannt. Nachdem diese Stadt zerstöret, hat sie An. 1239 Graf Güntzel II zu Schwerin aus den Ruinen der kurz zuvor zerstörten Stadt Mecklenburg wieder erneuert, worauf sie An. 1301 Henricus Hierosolymithanus Fürst zu Mecklenburg eroberte, bey welchem Hause sie hernach bis zum 30jährigen Kriege geblieben ist. Wegen ihres Hafens, welcher für den sichersten und bequemsten in der Ost-See gehalten wird, indem die allergrösten Last-Schiffe ohne Ancker darinne liegen können, ward sie eine der wichtigsten Hansee-Städte, und hat den Herzogen von Mecklenburg oftmahls den Gehorsam verweigert, worzu sie aber sonderlich An. 1427 Hertzog Henricus Pinguis durch eine harte Execution zwang. An. 1628 muste sie den Kayserlichen General Wallenstein für ihren Herrn erkennen, welcher aber 1631 von dem Königе in Schweden Gustavo Adolpho depossediret ward. In dem Westphälischen Frieden war die Festung Wißmar, nebst dem Fort Walfisch und der Halb-Insel Pöl, wie auch dem Amte Neu-Kloster auf ewig an die Crone Schweden abgetreten. Der Eingang des Hafens wird durch eine Sandbanck, auf welcher ein Castell, der Walfisch genannt, erbauet war, bedeckt. Ausser ihrer natürlichen Befestigung, da sie auf der einen Seite die Ost-See hat, bis an welche die Stadtmauern gehen, auf der anderen aber mit Sümpfen und Morästen bedeckt ist, war sie vor der letzten Eroberung eine der wichtigsten Festungen, so ein regulier Fünfeck, und bis daher die gröste bekandte reguliere Festung gewesen. An. 1712 ward sie von den Dänen belagert und bombardiret, aber bald wieder verlassen.

§ 3. An. 1715 ward diese Stadt von den Dänischen, Preußischen und Hannöverischen Trouppen bloqviret, und den 19. April 1716 mit Accord eingenommen, und die Befestigungs-Wercke und das Fort Walfisch geschleiffet, nach erfolgtem Frieden aber An. 1721 an an die Crone Schweden restituiret, weßhalber noch einige aus Canonen gehauene Nothmüntzen von verschiedenem Gewichte übrig geblieben.

§ 4. Das hohe Schwedische Tribunal-Gerichte, ward zwar bereits An. 1653 daselbst angeleget, nachgehendes aber in bessere Verfassung gesetzet, und waren alle Schwedische Unterthanen in Bremen, Verden, Pommern und Rügen gehalten, ihre Appellationes an selbiges zu richten. Es bestehet solches aus einem Präsidenten, einem Vice-Präsidenten, und vier Assessoren, welche sich wöchentlich versammlen.

§ 5. An dem bey der St. Georgen-Kirche stehenden

Thurm siehet man eine grosse Glocke von 200 Centnern, so mit verschiedenen künstlichen Zieraten versehen ist. Die Fabel von dem eisernen Gegitter um den Taufstein der dasigen Marien-Kirche, so kein Ende haben, und von dem Satan verfertiget seyn soll, wird allhier mit vielen Umständen erzehlet.

F. G. Crain

Wismars Schicksale während der französischen Kriege

Der für Preußen so unglückliche Ausgang der Schlacht bei Jena am 14. October 1806, in Folge dessen das Blücher'sche Corps von den Franzosen, deren Vordringen gegen die Oder zu hemmen es zu schwach war, durch Meklenburg nach Lübeck hin verfolgt wurde, wo es nach vergeblichem Widerstand durch die Einnahme Lübeck's von den Franzosen zu capituliren sich genöthigt sah, wurde, so wie für ganz Meklenburg, auch für Wismar sehr verhängnisvoll. Die Leiden, welche bei diesen Durchzügen, vorgefallenen Gefechten, Requisitionen, Plünderungen u.s.w. das Land im allgemeinen trafen, können jetzt nicht weiter berührt werden; wir haben es hier nur mit Wismar zu thun, welches selbst nicht eben das Wenigste davon erfuhr. Schon das vielleicht anfangs nicht eben grundlose Gerücht, daß die Retirade des Blücher'schen Corps über Wismar gehen werde, um die Insel Poel zu erreichen und von da zur See in Sicherheit zu kommen, versetzte die hiesigen Einwohner, die bei ihrer Zeit keinen Krieg gesehen hatten, in große Angst. Wenn man nun auch in dieser Hinsicht mit dem bloßen Schreck davon kam, so rückte doch am Morgen des 4. November ein in Folge des am 3. bei Criwitz vorgefallenen Gefechts versprengtes Preußisches Corps von ungefähr 5000 Mann mit zwei Kanonen unter dem General von Usedom von Schwerin her hier ein und marschirte zwar zum Altwismarthor wieder hinaus, postirte sich aber, nachdem die Cavallerie (Usedom'sche Husaren) beim Soldaten-Kirchhofe abgesessen war und gefüttert hatte, bei Rohlstorf. Nachmittags kam noch ein großer Bagagetrain mit einer mäßigen Escorte an, die das Meklenburger Thor vorbei über die Reiferbahn zog, sich auf dem Platze bei der St. Jacobsziegelei lagerte und bei Wachfeuern campirte. Die commandirenden Offiziere blieben in der Stadt im Heuer'schen Wirthshause, jetzt Stadt Hamburg, am Markt. Abends gegen zehn Uhr sprengten dreizehn Mann französische Cavallerie mit Capitain de Charles, Aide de camp des Generals Savary, nachherigen Herzogs von Rovigo in die Stadt und machten die Preußischen Offiziere kriegsgefangen, indem sie berichteten, daß General Usedom bei Rohlstorf schon capitulirt habe. Ihnen folgten in aller Stille Savary selbst nebst zwei Schwadronen des 7ten Chasseurregiments nach und besetzten die Stadt. Am Morgen des 5. September früh 5 Uhr wurde der damalige Lizentcommissär Schröder, der noch lebende Geh. Domainenrath dieses Namens, der das Jahr vorher bei den Durchmärschen der Schwedischen und Russischen Truppen gegen das von den Franzosen besetzte Hannover als Marsch-Commissarius fungirt hatte, durch zwei Adjutanten schleunigst zu Savary gerufen und nicht eben sanft empfangen. Zum Glück war Schröder der französischen Sprache mächtig, um sich leicht mit dem General zu verständigen, und brachte ihn bald in eine bessere Stimmung, so wie er denn auch bei den Verhandlungen mit andern Betheiligten zum Besten dieser meist den Dolmetscher machte. Denn es ward bei dieser Gelegenheit mit nicht weniger als mit Todtschießen und Aufhängen an den Bäumen vor dem Quartier des Generals, dem jetzigen Commandantenhause, damals im Besitz des weil. Kammerherrn v. Raven gedroht. Es war damit vielleicht auch nicht ernstlicher gemeint, als nur um den Forderungen, die man an die Stadt machte, mehr Nachdruck zu geben; denn sonst machte man diese, französisch genug, unter dem Titel eines »Douceurs«. So hatte Savary gleich am Abend des 4. Nov. durch seinen Aide de camp ein solches Douceur requiriren lassen. Er erhielt auch jetzt zwei schöne Reitpferde zu dem Preise von 425 Rthlr. Gold. Sein Adjutant, Capitain Charles erhielt ein Douceur von 1500 Rthlr. Gold. Auch konnte es nicht abgewandt werden, daß die vier, augenblicklich im Hafen liegenden schwedischen Schiffe confiscirt wurden. Sie sollten verbrannt werden, allein gegen ein »Douceur« stand man davon ab.

Morgen 7 Uhr sprengten noch mehrere kleine Piquets französischer Cavallerie in die Stadt, um die noch hin und wieder zerstreuten Preußen zu verfolgen oder aufzusuchen. Mit einem Piquet der letzteren kam es in der Dankwartsstraße zum Scharmützel, bei welchem oben am Markte ein Franzose mit dem Pferde stürzte, sich in ein Haus flüchtete und das Pferd im Stiche ließ. Schon vorher aber war Savary mit seinen zwei Schwadronen kampflustiger und siegestrunkener Mannschaft nach Rohlstorf vorgerückt und nach kurzem Parlamentiren brachte er gegen Mittag den General von Usedom und seine Husaren nebst den zwei Kanonen kriegsgefangen hier ein. Die Husaren mußten auf dem Markte absitzen und ihre Pferde nebst Armatur übergeben, wobei ein junger Cornet sein Pferd lieber erstach als in Feindes Hand kommen sehen wollte, sowie auch manche

Reiter die ihrigen schon vor dem Thore durch das barbarische Durchhauen der Sehnen an den Hinterfüßen kampfunfähig gemacht hatten. Die Bagage ward den französischen Soldaten zur Plünderung überlassen, wobei es auch an komischen Scenen nicht fehlte. So warf ein Chasseur, der auf dem Bagagewagen des General Usedom sitzend, den Generalshut auf dem Kopfe, die Plünderung dirigierte, einem hiesigen armen, alten Weibe eine schöne lange Mettwurst mit den Worten zu: Voilà, c'est bon pour Madame! Die gefangenen Preußen wurden theils an demselben Tage, theils Tags darauf über Warin nach Berlin escortirt.

Bald darauf am 9. November zog Savary wieder ab und ging nach Rostock. Noch vorher kam der Licentcommissär Schröder in Streit mit dem französischen Oberst, nachherigem Marschall Gérard, welcher, wie ihm vom Großherzoge von Berg befohlen war, die Auslieferung der herzoglichen Cassen verlangte und sich auch, wiewohl er sich dabei human genug benahm, durch keine Vorstellung davon abbringen ließ. Von der Stadt requirirte derselbe 2 Reitpferde, gleichfalls für den Großherzog von Berg, welche 625 Thaler Gold zu stehen kamen, der Adjutant erhielt eins zu 400 Thaler Gold. Kaum war Savary abgezogen, als noch an demselben Abend der Marschall Soult mit seinem Generalstabe und etwa 3500 Mann Truppen von Lübeck anlangte und mit seinem Armeecorps hier und in der Umgegend Kantonirungsquartiere bezog. Auch mit ihm hatte Schröder manche Verhandlung, wobei der Marschall dessen Vorträge stets ruhig anhörte, darauf jedoch keine direkte Resolution ertheilte, sondern ihn im Betreff der Bequartirung an seinen Chef d'état-major und hinsichtlich der

Requisitionen, Lieferungen und dergleichen an den Commissair ordonniteur en chef seines Armeecorps wies. Der letztere logirte im Hause des Kaufmann Borchert am Markt (jetzt Firma Lübke und Hornemann). Als Schröder sich das erstemal zu diesem verfügte, fand er die Hausflur bereits mit aus der zum Comptoir eingerichteten Stube hinausgeworfenen Utensilien, Rechnungsbüchern, Briefen und anderen Papieren u.s.w. fast versperrt, und in demselben Moment folgte das Borchert'sche Dintenfaß durch den eigenhändigen Wurf des Commissairs nach. Madame Borchert bat Schrödern inständig, jetzt doch ja nicht zu dem Manne hineinzugehen, indem er höchstwahrscheinlich bei dem Dintenfasse Quartier erhalten dürfte. Doch Schröder meinte, es habe nichts zu bedeuten, und wagte den nothwendigen Gang. Nachdem er sich in geläufigem Französisch als Commissair du gouvernement vorgestellt und den Requisitionen die möglichste Folge zu leisten verheißen hatte, wurde er sogleich mit vieler Artigkeit auf's Sopha genöthigt, dem hereingeklingelten Herrn Borchert aber noch etwas barsch anbefohlen, Wein und Gläser zu bringen, worauf denn eingeschenkt, angestoßen und in aller Gemüthlichkeit die Geschäfte abgemacht wurden. Beim Weggehen ward Schröder vom Herrn Commissair ordonnateur sogar bis an die Hausthür begleitet, so daß die Borchert'schen Eheleute hernach meinten, die beiden Herren müßten ohne Zweifel alte Bekannte sein ...

Allerdings kostete nicht nur der Aufenthalt und die Verpflegung dieser Truppen die Stadt und Umgegend nicht wenig, es mußte die freundliche Behandlung von Seiten der Officiere von ihr durch manches Opfer erkauft werden. So erhielt General Legrand am 11. Nov.

ein Reitpferd zu 325 Thlr. Gold; dessen Koch 15 Thlr. N ⅔ zum Douceur; die Capitains Laval und Morat jeder ein Pferd zu 250 Thlr.; die letzteren am 13. wiederum zum Douceur 250 Thlr. N ⅔ und am 14. nochmals 200 Thlr. ein jeder.

... Am 8. December ward von Seiten des Raths auch das von Napoleon aus dem Lager zu Berlin unterm 21. November erlassene Decret bekannt gemacht, nach welchem die brittischen Inseln in Blokadestand und die englischen Waaren als gute Prise erklärt wurden. Die in Folge dieses Decrets unterm 8. December angeordnete Handelssperre mit England und dessen Colonien, welche unterm 12. December durch die Regierung publicirt wurde, kam hier am 17. December zur Kunde der Einwohner. Am 18. December erschien der Befehl des französischen Generalgouverneur Laval, daß jeder Inhaber englischen Eigenthumes oder aus England und dessen Colonien herstammender Waaren diese binnen 24 Stunden angeben solle, unter Androhung militärischer Bestrafung. Die Ab- und Zuzüge der Truppen wiederholten sich fast täglich und dauerten bis in's folgende Jahr hinein.

Gustav Willgeroth

Die Wiedervereinigung von 1803

Am 26. Juni 1803 war durch den Baron von Toll als den schwedischen und den Oberhofmeister von Lützow und Kammerdirektor Brüning als die mecklenburgischen Bevollmächtigten zu Malmö der Pfandvertrag unterzeichnet worden, nach welchem die Stadt und Herrschaft Wismar nebst den Aemtern Pöl und Neukloster für die Summe von 1 250 000 Rthlr. Hamburger Banco (d. i. ungefähr 1 875 000 Thlr. Preuß. Conr.) von Schweden an Mecklenburg wieder zum vollen, unbeschränkten genießbräuchlichen Besitz abgetreten wurde, mit der Maßgabe, daß der Krone Schweden das Recht der Wiedereinlösung 200 Jahre lang verbleiben sollte. Wollte sie von diesem Rechte entweder nach hundert oder nach zweihundert Jahren Gebrauch machen, so sollte die Pfandsumme nebst 3 Prozent Zins auf Zins zurückzuzahlen sein. Am 19. August erfolgte auf dem Fürstenhofe in Gegenwart der Spitzen der Behörden etc. die Uebergabe Wismars seitens des schwedischen Commissarius v. Thun an den Kammerdirector Brüning. Das schwedische Wappen über der Hauptwache wurde an diesem Tage Mittags um 12 Uhr, die über dem Posthause, dem Licenthause etc. Nachmittags 4 Uhr entfernt und durch die mecklenburgischen ersetzt. Am 29. August sollte es endlich den Bewohnern Wismars vergönnt sein, zum ersten Male wieder innerhalb der Ringmauern ihrer

Stadt ihren angestammten Landesherrn begrüßen zu dürfen.

Bereits am 16. August wurden eine Reihe »Allgemeine und besondere Verfügungen und Bekanntmachungen« für diesen Tag erlassen. Sie wollten zunächst einer allzu ungestümen Freude wehren: das Schießen aus den Häusern und auf den Gassen aus allerlei Schießinstrumenten sollte nach Sonnenuntergang ausdrücklich verboten sein: »zu wünschen wäre es, und gemeßenst wird es daher auch anempfohlen, daß solche Plenkeleyen garnicht stattfinden mögten.« Ebenso werden alle muthwilligen oder boshaften Beschädigungen und Verrükkungen der öffentlichen sowohl als Privataufrichtungen und Verzierungen nachdrücklich bestraft werden. Des weiteren wird verordnet, daß »keine Misthaufen und Hausunrath auf den Gassen und öffentlichen Plätzen getroffen werden müssen«, sowie daß die Bettelei auf den Gassen, vor den Häusern, Wirthshäusern etc. und das Herumtreiben der Bettler während der Anwesenheit der höchsten Landesherrschaft zu unterbleiben habe. Die Straßen sollen so viel wie möglich von Wagen freigehalten werden; zum wenigsten soll mit dem Fahren und Halten solche Richtung genommen werden, daß dadurch »die Passage sich auf keine Weise gehemmt finde oder schwürig gemacht werde.« Die Lübschestraße von der Hegede bis an den Regenchören wird, sobald die Errichtung der Ehrenpforte ihren Anfang nehmen wird, für jedes Fuhrwerk gesperrt; ebenso die Altwismarstraße von der Diebsstraße bis zum Thor, und kann folglich das ins Thor kommende Fuhrwerk nur rechts und links herum seinen Weg zu nehmen haben. Mühlenwagen können am Tage des Einzuges überhaupt nicht in die Stadt gelassen werden. Auch soll kein Wagen, der zur Treibung einiges Verkehrs an diesem Tage anhero kommen mögte, ins Thor gelassen werden, wie denn alles bürgerliche Gewerbe an ihm gänzlich ruhen soll.

Und der Tag erschien. Tausende von Einheimischen und Fremden wallten in unsern Mauern auf und nieder. Begünstigt von der schönen Witterung leuchtete Frohsinn und innige Theilnahme aus Aller Augen. Kein Tosen, das sonst an mehreren Orten bei dergleichen Veranlassungen in lautem Jubel sich äußert: nur stille Freude bezeichnete den Ausdruck jedes Herzens, das unserm Vater Friedrich Franz froh entgegenschlug.

Um 1 Uhr rückten die beiden Garden, die für die Feier sich gebildet hatten, zu Pferde in reichgeschmückten Uniformen unter Anführung ihrer Rittmeister, des Senators Briesemann und des Färbers Keßler, aus dem Altwismarschen Thor; ihnen folgte die Schützencompagnie, die sich unweit des Lehmbergs lagerte, während die Garden dem Herzog bis zur Hornstorferburg entgegenritten. Sobald der Herzog sich der letzteren näherte, ward der Schützenzunft ein Signal gegeben, die daraufhin ihre Kanonen löste, und sofort erklang von den Thürmen aller Kirchen der Glocken feierlicher Begrüßungston, den der eherne Mund der auf dem Markte aufgestellten Geschütze beantwortete, um die fröhliche Kunde in die Nähe und Ferne zu tragen.

Inzwischen begrüßten unfern der Hornstorfer Burg die beiden Rittmeister den Herzog mit kurzen Ansprachen, worauf der Zug sich in Bewegung setzte. Ihn eröffnete der Postmeister Saal mit 11 blasenden Postillonen, dann folgten die beiden Garden und darauf der Herzogliche Wagen. Den Schluß bildeten 14 Husaren, geführt von einem Wachtmeister.

Beim Lehmberg bewillkommnete die Schützenzunft, die hier unter Anführung ihres Kapitains, des Buchbinders Hornejus, Aufstellung genommen, den Herzog mit drei Salven Kanonenschüssen, sowie mit einer Ansprache.

Gegen 5 ½ Uhr langte der Herzog beim Altwismarthore an. Hinter demselben waren vier mit Guirlanden umwundene Obelisken errichtet, denen zur Seite der Magistrat und die Geistlichkeit standen. Als der Herzog durchs Thor fuhr, erscholl von der Gallerie der in der Lübschenstraße erbauten Ehrenpforte ein Pauken- und Trompetentusch, und ein tausendfaches Heil des dichtgeschaarten Volkes begleitete ihn. Danach überreichte der Bürgermeister Karthaus auf einem rothsammtnen Kissen einen mit dem Stadtwappen versehenen zierlich gearbeiteten Schlüssel unter einer Ansprache, auf die der Herzog mit den Worten erwiderte: »Der Besitz dieser Stadt ist mir sehr angenehm. Ich nehme den mir dargebotenen Schlüssel an und wünsche, daß es der Schlüssel zu Ihren Herzen sein möge.«

Anton Haupt

Burschenschaftsrede in Jena 1818

Worte[1], gesprochen bey Pflanzung der Eichen auf dem Turnplatze am 31. März des Jahres 1818.

Brüder, erlaubt einige Worte, die vom Herzen kommen, die zum Herzen gehn mögten.

Zum ernsten Werke ziemt sich wohl ein ernstes Wort.

Das Werk aber, das wir hier beginnen, ist wohl ein ernstes bedeutungsvolles Werk. Und was soll es? Was sollen diese Bäumchen die wir hier mit sorgsamer Hand dem Schooß der Erde anvertrauen, was sollen sie bedeuten? Diese Bäumchen sollen der Nachwelt sagen, daß hier Deutschlands Jünglinge ihre Vereinigung zum Heile des Vaterlandes bekräftigen wollten, daß sie hier, durchglüht von den heiligsten Gefühlen ihr ganzes Sehnen [?] dem Vaterlande weihten. Brüder, wir stellen uns hier auf, als ein Vorbild unsrer Zeit, unsrer Nachkommenschaft. – Aber wahrlich ein tiefer, heiliger Ernst muß uns durchdringen bey dem Gedanken an unsern Beruf. Brüder, auf uns sieht das Vaterland, wir sollen ihm das Heil wieder bringen. – Wir sind mit den heiligsten Gefühlen, die die menschliche Brust erheben können, von der reinsten Vaterlandsliebe durchglüht den Kampf ein-

[1] Rede von Anton Haupt, dem späteren Bürgermeister von Wismar, gesprochen in Jena

gegangen für alles Große und Rechte, gegen alles Niedrige und Schlechte, für alles Gute und Schöne. Noch einmal sage ich es , heiliger Ernst muß uns erfüllen bey dem Gedanken an unsern Beruf; aber auch freudige Hoffnung, wenn wir um uns schauen, und unter den Männern des Vaterlands so viele Mitkämpfer schauen, so viele Mitringer nach dem Heile. Aber ihr Brüder, nur in der engsten Vereinigung können wir stark seyn. Und diese Einigung sie kann nur in der treuen, deutschen Brüderliebe, vor der alle kleinlichen Rücksichten schwinden, liegen. Und so laßt uns denn auch alle recht treu und gut lieben als Söhne eines Hauses. Und was Deutsche erringen in treuer Vereinigung, das zeigte uns der Tag, dessen Andenken wir heute feyern.

Und auch wir werden stark werden. Seht diese schwanken Stämmchen, die jetzt jeder Hauch des Winds bewegt, sie werden starke Bäume werden, von keinem Sturm gebeugt, diese zarte Kronen, die jetzt jeder Strahl der Sonne durchdringt, sie wird einst Schatten weit hingeben und Erquickung. Und so wird unsre Vereinigung stark werden, und unbesiegbar, und wird weithin allen deutschen Gauen Erquickung geben. Wenn wir wollen. An uns liegts. O ihr Brüder laßt die Mahnung der Zeit nicht vergebens an Euch vorübergehn. Ihr werdet es einst nicht verantworten können. Aber das wird nimmer geschehn. Ihr aber, ihr zarten Bäumlein, ihr grünet und blühet, wachset und erstarket zu frischen kräftigen Bäumen, die kein Sturm beugen mag; und mit euch erblühe und wachse das deutsche Vaterland, mit euch erstarke ein deutsches Volk in Kraft und Größe. – Und wenn einst, nach Jahrhunderten späte glückliche Enkel unter Eurem labenden Schatten sich lagern, mögen sie dann sagen, diese Eichen pflanzten deutsche Jünglinge, die es redlich mit dem Vaterland meinten.

VERHÖRSPROTOKOLL ANTON HAUPTS
Bonn, 25. und 26. April 1820

Vorbemerkung: Links die Fragen des Untersuchungsbeamten, rechts eingerückt die Antworten von Haupt.

Heute den fünfundzwanzigsten April achtzehnhundert zwanzig.

Auf besondere Requisition des Königlichen ausserordentlichen Regierungs-Bevollmächtigten vom Dreizehnten dieses Monats, und im Gefolge Reskriptes Sr Durchlaucht des Fürsten Staatskanzlers vom dreißigsten März letzthin, ist vor Uns, Johann Jacob Stammel, Königlicher Prokurator beym Untersuchungsamte dahier, erschienen Herr Anton Haupt, Studiosus juris bey hiesiger Universität, und ward vernommen wie folgt:

Wie heißen Sie, wie alt sind Sie, welchen Stand haben Sie, wo sind Sie geboren, und wo wohnen Sie?

> Ich heiße Anton Haupt, bin 19 Jahre alt, Studiosus juris, gebürtig in Wismar, Großherzogtum Mecklenburg-Schwerin, dermalen wohnhaft in Bonn.

Auf welchen Universitäten haben Sie früher studiert?

> Ich studierte auf der Universität in Jena die Rechte von Ostern 1817 bis Ostern 1819. Zu welcher Epoche ich auf die Universität von Bonn kam, um meine Studien daselbst fortzusetzen.

Bei Ihren Studien in Jena gehörten Sie auch zu der dortigen allgemeinen Burschenschaft?

Ja.

Welchen Zweck hatte diese Burschenschaft?

Die Burschenschaft hatte sich den Zweck gesetzt, auf der Universität die Einheit unter den Studierenden zu erhalten, alles Bessere, Ordnung und Sitlichkeit im Universitäsleben zu befördern, und so zugleich für die geistige Einheit in Teutschland zu wirken.

Hatte dieser Zweck auch nicht zugleich eine politische Tendenz angenommen?

Die politische Tendenz war eben nur auf die Zustandebringung einer geistigen Einheit im Vaterlande gerichtet.

Welches war die Veranlassung der Stiftung dieser Burschenschaft und wie lange besteht sie?

Die Jenaische Burschenschaft ist gestiftet worden am 12^{t} Juny 1815. Die damals aus dem Freiheits-Kriege zurück kehrenden Studierenden glaubten, wie sie dafür gekämpft hatten, so auch ferner für die Erhaltung der Freyheit und Einheit Teutschlands wirken zu müssen, und sie hielten die Aufhebung der alten Landsmannschaftlichen Trennungen und das Zusammentreten aller Studierenden Teutschlands in eine allgemeine Verbindung für ein dienliches Mittel zu Erreichung ihres Zwecks.

Welche waren diejenigen, welche die Versammlung dieser Burschenschaft auf den 28. März 1818 in Jena ausgeschrieben hatten?

Diese Versammlung ward beschlossen durch die ganze Jenaische Burschenschaft, und ausgeschrieben vom damaligen Vorstand der Jenaischen Burschenschaft. Im Vorstande waren damals, so viel als ich mich erinnere, Graf Keller, Riemann, Siewerßen, Wesselhöft, Roediger, Asverus, Loholm, Wohlfarth, Langmasius, Müller, und noch zwey andere, derer ich mich nicht mehr besinne.

. . .

Welche Veranlassung gab dieser litterärischen Gesellschaft ihre Existenz, und welche waren ihre Zwecke?

Viele von denen, die in der Burschenschaft jene oben angegebene Zwecke eifrig verfolgten, glaubten diese an so weiter Vereinigung nicht erreichen zu können. So ward ihnen das Bedürfnis erregt, sich mit gleichgesinnten enger zusammen zu schließen. Der äußere Anstoß zur Bildung der Gesellschaft ward im Frühjahr des Jahres 1818 von Gießen hergegeben, indem dortige Studierende sich in eine so enge Vereinigung zusammen geschlossen hatten, und Bekannte in Jena aufforderten, dasselbe zu thun.

Der Zweck der Gesellschaft war, sich über die Ideen des Bessern im Volke gegenseitig zu verständigen, und zugleich sich über die Art zu vereinigen, wie das Bessere ins Leben einzuführen sey.

Lagen auch nicht zugleich in diesem Zwecke politische Ansichten, z.B. Erzeugung, Beförderung oder Benutzung von Revolutionen, und so dann auch Veränderungen der teutschen Staats-Verfassungen?

Die ganze Tendenz der Gesellschaft war gewiß eine politische. Mehrere junge Leute, beseelt von dem Eifer, für das allgemeine Beste etwas zu thun, traten in der Gesellschaft zusammen, um eben über die

Art einig zu werden, wie ihr Eifer in der That sich zeigen soll. Aber eben in dem Versuche der Verständigung zeigte es sich bald, wie verschieden die Gesinnungen, wie verschieden selbst die Ansichten von dem, was das Bessere sey, waren. Im Streite der Meinungen kamen wohl alle jene Ansichten zum Vorschein, wie das Bessere vielleicht nur durch einen Umsturz der alten Ordnung gedeihen könne; jedoch erhob sich dagegen auf der andern Seite der lebhafte Widerspruch, wie nur in ruhiger Fortbildung, in der Unterwerfung unter die bestehende Staats-Form das Gute könne gefördert werden. So konnte es in den Versammlungen der Gesellschaft nie zu einem bestimmten Resultat kommen. Noch im Sommer 1818 löste sich die Gesellschaft auf, schloß sich aber im Winter desselben Jahres in größerer Ausdehnung wieder zusammen, aber auch jetzt konnte es zu keiner Uebereinstimmung weder über Zweck noch über Mittel kommen, und der Streit der Meinungen ward zuletzt so heftig, daß noch kurz vor Ostern des Jahres 1819, vor meinem Abgang von Jena, die ganze Gesellschaft sich trennte.

. . .

Ueber alles dieses haben Wir einstweilen gegenwärtiges Protokoll geschlossen, welches Comparent nach gehabter Vorlesung mit Uns unterzeichnet, mit der vorläufigen Einladung an ihn, morgen früh acht Uhr zur weiteren Vernehmung zu erscheinen.

Actum Bonn ut Supra.

[gezeichnet:] A. Haupt, Stammel

Aus den Polizeiakten

Die Revolution von 1848 in Wismar

Schwerin, den 16. März 1848.
(Allerhöchste Landesherrliche Verordnung.)
Die Censur der Druckschriften, welche in Unseren Landen herauskommen oder verbreitet werden, ist aufgehoben.

Wismar, den 20. März.
Wir haben die Preßfreiheit auch in Wismar. Jetzt ist es an uns, zu zeigen, daß wir ihrer würdig sind. Vor allem muß fern sein jede Verdächtigung, jeder versteckte Angriff. Wir müssen in diesen Blättern, unserem Wismarschen Organe, uns verständigen über das, was wir wollen. Es ist der Wunsch rege geworden nach einer Reform unserer städtischen Verfassung, insbesondere unserer Vertretung. Unsere Stadt hat vor allem zwei große Interessen, Handel und Gewerbe: diese zwei müßten daher hauptsächlich vertreten werden, aber auch die Arbeiterklasse verdient ihre Berücksichtigung und nicht weniger der bisher ganz unvertretene Gelehrtenstand. Wenn diese vier Stände in Eine Versammlung nach Verhältnis ihrer Größe und Bedeutung im Gemeinwesen eine gewisse Anzahl von Vertretern schicken, ist da nicht die Gesammtheit vertreten? ... Welche verschiedenen Meinungen aber auch herrschen mögen über viele Fragen, darin sind gewiß alle einig, daß wir nur auf gesetzmäßigem Wege eine Reform erstreben sollen. Darum möge

niemand sich zurückziehen von einer Bewegung, die, wenn sie nicht ausarten soll, der besonnenen Leitung bedarf...

Den 22. März.

Wir haben in unserer Stadt eine Reformbewegung, nicht mehr in einzelnen Köpfen, in einem einzelnen Stande; sie ergreift alle Bürger, sie durchdringt alle Stände. Es werden Bürgerversammlungen gehalten; eine große Adresse an Rath und Quartiere ist in naher Aussicht. Sollen die Behörden warten, bis diese Adresse oder Petition zu ihnen kommt? Wir hoffen, die Männer, welche jetzt noch die gesetzlichen Vertreter der Bürgerschaft sind, werden dem allgemein gefühlten Bedürfnis Genüge leisten, noch ehe es sich in bestimmten Worten ausgesprochen, und mit rascher Hand ins Werk setzen, was auf die Dauer doch nicht mehr zu verweigern ist, die Reform unserer Vertretung: *Ein* Bürgerausschuß, allgemeine Berechtigung zum Bürgerthum, Oeffentlichkeit der Sitzungen. Wie wir hören, hat das erste Quartier bereits den Anfang zu dieser allein zeitgemäßen Politik gemacht: wir wünschen und hoffen, daß es auf dieser Bahn fortschreite. Der Rath wird zu gewähren wissen, wenn die Quartiere einmüthig fordern...

Johann Heinrich Sievers

MEKLENBURGISCHE MITBÜRGER!

Das Morgenroth der Freiheit ist erschienen für Meklenburg wie für unser großes deutsches Vaterland! Laßt uns alle wirken, daß wir es nicht verschlafen und verträumen, sondern wach und gerüstet sind zur That; laßt uns alle schaffen und arbeiten, daß der große Tag nicht ungenützt verstreicht und wir wieder zurückfinden in die alte Trägheit, in die bewußtlose Dumpfheit, in den schmachvollen Schlaf der frühern Zeit.

Eine der wichtigsten Arbeiten für die Freiheit und das Recht ist nächstens zu beschaffen: die Wahl der Volksvertreter für die verfassunggebende Versammlung beginnt, die Wahl der Männer, die auf dem nächstens zusammentretenden Landtage in allgemeinen aber festen Umrissen die Verfassung unsres Staates begründen sollen, unter deren Schutze wir alle die Segnungen der Freiheit und des Rechtes für immer zu genießen im Stande sind.

Wahrhaftig, diese Wahl ist ein großer wichtiger Augenblick für uns Meklenburger, sie ist ein bedeutungsvoller Abschnitt in unserm Staatsleben, sie ist die erste selbstständige That des befreiten Volkes, sie ist entscheidend für unsere ganze Zukunft. Laßt uns nicht leichtsinnig bei derselben sein, laßt uns nicht zu Verräthern werden an uns selbst noch an unsern Kindern und Kindeskindern!

Zuerst nun, laßt uns alle lebendigen Theil nehmen an den Wahlen der Wahlmänner. Jeder fünf und zwanzig jährige selbstständige Mann ist berechtigt zu wählen. Schande über den, der aus Theilnahmlosigkeit, aus Stolz, Selbstsucht und Geringschätzung oder aus was immer für Ursachen sich von diesem wichtigen Geschäfte zurückzieht. Er ist nicht werth, Staatsbürger zu sein, er sei der allgemeinen Verachtung preisgegeben.

Wer aber kann, wer soll zum Wahlmann gewählt werden? Nur wer unabhängig ist an Gesinnung, wer sich nicht bestechen läßt weder durch die Gunst großer Herren und einflußreicher Beamten noch durch den Eindruck des Augenblicks und gewandter Redekünste. Es bedarf zum Wahlmann keiner großen Kenntnisse, keiner hervorragenden Gaben. Nur die Ueberzeugung muß man von ihm haben, daß er redlich und unabhängig zum Besten Aller nach bestem Wissen und Gewissen den eigentlichen Volksvertreter wählen wird. Redliche gesinnungsvolle Wahlmänner werden sicher einen tüchtigen Abgeordneten wählen, der fähig ist, das Meklenburgische Volk in Wahrheit zu vertreten.

Freilich möchte es wohl gut und zweckmäßig sein und keineswegs wider das Recht streiten, wenn die Wähler von ihrem Wahlmanne bereits vor der Wahl desselben eine Erklärung verlangten, welche Männer etwa er zu Abgeordneten zu wählen bereit sei. Dies ist sehr zu empfehlen. Würde hierauf gehalten, so gewänne der erste Wähler, der Urwähler den lebendigsten Antheil an der endlichen Bestimmung des Abgeordneten selbst.

Ihr aber nun, ihr Wahlmänner, in deren Hand das Volk vertrauensvoll die große Angelegenheit gelegt, wen dürft ihr, wenn ihr redlich und gewissenhaft handelt, als Volksvertreter zum bevorstehenden Landtage wählen?

Im Allgemeinen nur den, der ein Herz für sein Volk hat, der es mit der That bewiesen, daß er lebendigen Antheil am Volke nimmt, daß er sich eifrig bemüht, mit demselben zu fühlen und zu denken. Einem solchen ist es unmöglich, das Wohl des Volkes schnöden Eigennutzes wegen zu verrathen, er wird sich für dasselbe aufopfern, er mag irren, aber er wird sich selbst stets treu bleiben, er ist unbestechlich.

Dann zuvörderst ist für den Volksvertreter nothwendig hinreichende Kenntniß und Einsicht, Kenntniß von den allgemeinen Einrichtungen eines geordneten für freie Menschen begründeten Staatswesens, Einsicht in die besondern Zustände und Verhältnisse unseres Vaterlandes. Wer diese nicht besitzt, ist entschieden unfähig, bei dem Aufbau einer neuen Verfassung mitzuwirken, er darf nicht gewählt werden.

Wen müßt ihr also, ihr Wahlmänner, zum bevorstehenden Landtage wählen?

Wähl't lauter Männer des Volkes, scheut euch nicht sie aus dem Volke selbst zu nehmen. Seht darauf, daß sie nicht zu alt sind. Das Alter ist eine schlimme Krankheit. Selbst ehrwürdige alte Leute, den langjährigen Einflüssen der Bevormundung unterworfen, sind unfähig, sich unserer großen Zeit ganz und kühn hinzugeben.

Wählt Niemand, der sich nicht verpflichtet, euch von Zeit zu Zeit über seine Thätigkeit auf dem Landtage Bericht und Rechenschaft abzulegen. Es ist dies durchaus nothwendig, damit ihr in stetem geistigem Verkehre mit eurem Abgeordneten bleibt, damit die Theilnahme des

Volkes am Staate und dessen Entwickelung stets wach und lebendig erhalten werde.

Wenn die Abgeordneten zum Verfassung gebenden Landtage nach solchen Grundsätzen gewählt sind, dann, Meklenburgische Mitbürger, ist Aussicht vorhanden, daß das große Ziel erreicht wird, nach dem alle Guten, Gesinnungsvollen und Freiheitliebenden streben.

Dies große Ziel ist rechtliche und thatsächliche Begründung des Wohlstandes, der Bildung und der Freiheit für alle Meklenburger ohne Unterschied der Geburt, des Standes und des Glaubens.

An der Erreichung dieses großen Zieles aus allen Kräften mitzuwirken, ist aber die Pflicht, die heiligste Pflicht eines jeden Meklenburgers.

Meklenburgische Mitbürger, thut eure Pflicht!

Wismar, im September 1848

Johann Heinrich Sievers

Denkschrift des Marine-Comites 1848

DIE NATÜRLICHEN VORZÜGE DES HAFENS UND DER RHEDE VON WISMAR

Indem wir uns auf den angeschlossenen Situationsplan beziehen und von dem ersten Erforderniß eines guten Hafens ausgehen, daß nämlich der Eingang desselben so beschaffen sein muß, daß keine Winde grade durch denselben fahren, wodurch die Schiffe dem Winde und Wellenschlag ausgesetzt sein würden; so ist diesem Erfordernis auf der nordöstlichen mit Tonnentief bezeichneten Einfahrt durch die natürliche Gestaltung des Landes und der Bänke vollkommen genügt. Die Karte giebt von dieser durch die Vorsprünge des Wustrower Reffs und des Hannibal bedingten vortheilhaften Formation eine nur sehr oberflächliche Andeutung; aber die Erfahrung hat sattsam bewiesen, daß auf allen Punkten der bezeichneten Linie selbst ein beladenes, also dem Überschlag der Wellen leicht ausgesetztes, Kauffahrtheischiff mit der größten Sicherheit bei jedem Sturme zu Anker gehen kann.

Die Wasserfläche diesseits des Swin Kittel und der Plat bildet eigentlich schon, wie dies die Karte hinlängst andeutet, das innere Hafenrevier, wenn man hier freilich diese Bezeichnung im engern Sinne von dem bis an die Stadt reichenden Endarm des Meeres versteht. Dabei entsteht nun die Frage, ob nicht das westlich gelegene herrliche, für Schiffe jder Größe hinlänglich tiefe, mit dem sichersten Ankergrund versehene Wasserbecken, die Wohlenberger Wyck, für Marine-Zwecke sich als vorzüglich nutzbar erweist, insofern es gegen Wellengang allseitig vollkommen gesichert, auch durch Anlage von Batterien gegen einen Angriff von der Seeseite unschwierig zu decken ist. Bei nicht zu strengen Wintern bleibt jenes Becken gänzlich vom Eise frei.

Nicht von derselben Tiefe, aber an und für sich noch vielleicht besser geschützt erweist sich der südöstliche Arm unseres Meerbusens, der ebenfalls an allen Punkten einen sichern Ankergrund darbietet. Wir könnten für das außerordentlich Günstige dieser Örtlichkeit auf die anerkennendsten Äußerungen der russischen Commandeurs des Bogatir und des Kamschatka, die vor einigen Jahren damit durch eigene Anschauung bekannt geworden sind, so wie des dänischen Capitain-Lieutnant's Secher, der im Auftrage seiner Regierung das Terrain aufgenommen hat, Bezug nehmen, Äußerungen, die uns bei den jetzigen politischen Beziehungen und unserer Wehrlosigkeit zur See und gegen Angriffe von der Seeseite einigermaßen mit Sorge erfüllen.

Sind somit im Vorhergehenden die nothwendigen Bedingungen der sichern Einfahrt, der Geschütztheit gegen Wind und Wellen, der Leichtigkeit der Sicherung gegen Feindesangriff nachgewiesen, so können wir ferner noch leicht darthun, wie zweckmäßig ein Theil des östlichen Busens auch zu einem förmlichen Hafenbassin umgestaltet werden kann. Hiezu würde sich unter Voraussetzung der Nachhülfe der Kunst das circa ⅙ Quadratmeile große, zwischen Poel, dem Redentiner Ufer und dem Wallfisch eingeschlossene Wasser eignen …

ENDE DES PFANDVERTRAGES 1903

Zwei Telegramme

20. Juni 1903

An den Magistrat der Stadt Wismar.

Gelbensande.

Durch den am heutigen Tage vollzogenen Vertrag betreffs des Verzichts Schwedens auf das Recht der Wiedereinlösung der Stadt Wismar hat dieselbe voll und ganz ihre Zugehörigkeit zu Mecklenburg wiedergewonnen. Diese Tatsache erfüllt mich mit ganz besonderer Freude und ich sehe mit Vergnügen dem Tage entgegen, an dem ich aus Anlaß dieses frohen Ereignisses in der Stadt weilen werden.

Friedrich Franz.

20. Juni 1903

An

Seine Königliche Hoheit den Großherzog

in Gelbensande.

Daß Ew. Königl. Hoheit Streben, der Stadt und Herrschaft Wismar die volle Zugehörigkeit zu ihrem Stammlande wieder zu verschaffen, durch den jetzt erfolgten Abschluß des Vertrages mit Schweden mit so schönem Erfolge gekrönt worden ist, das bewegt unser Herz mit hoher Freude und stolzer Genugtuung. Für diesen neuen Beweis Ew. Königl. Hoheit landesväterlicher Fürsorge, für die sofort nach Abschluß des Vertrages uns gewordene Mitteilung und für die herzerfreuenden Worte, welche die letztere begleiteten, sprechen Ew. Königl. Hoheit wir unsern ehrerbietigsten Dank aus. Das bevorstehende Fest wird uns, wenn Königl. Hoheit in unserer Mitte weilen, Gelegenheit geben, denselben zu vollem und ungeschminktem Ausdruck zu bringen.

Ew. Königl. Hoheit treu gehorsamste

Bürgermeister und Rat.

Joerges.

Aus einem Prospekt des Fremdenverkehrsvereins aus dem Jahre 1905

Städtische Wohlfahrts-Einrichtungen.

Pflaster. Die Stadt ist gut gepflastert und durchweg mit Trottoiren (in Wismar »Leisten« genannt) versehen. In den grösseren Strassen liegen breite Trottoire von Sandsteinen, während die kleineren Strassen, die kleinsten nicht ausgeschlossen, mit Klinkertrottoiren versehen sind. Die Stadt ist von Haus aus weit gebaut, die Strassen sind meistens breit; enge Gässchen gibt es selbst in den ältesten Stadtteilen fast garnicht.

Kanalisation und Abfuhr. Die Stadt ist durchweg kanalisiert. Die Kanäle nehmen alle Abwässer auf und führen sie in der Nähe des Hafens in die See. Die Siele (Abflüsse) in den vielfach an- und absteigenden Strassen veranlassen, dass die Stadt sofort nach einem Regen wieder trocken und zugleich sauber gespült wird. – Für die Abfuhr der Fäkalien ist das *Tonnensystem* eingeführt und zwar mittelst hermetisch verschliessbarer Eimer in grossen geschlossenen, sauber gestrichenen Kastenwagen.

Infolge dieser Einrichtungen (auch das modern eingerichtete städtische *Schlachthaus* zählt dazu) und der Lage der Stadt *unmittelbar an der See* ist der Gesundheitsstand ein sehr guter. *Wismar zählt zu den gesündesten Städten Deutschlands.* – Epidemien sind sehr selten.

Beleuchtung. Wismar besitzt eine *städtische Gasanstalt* und in Verbindung mit derselben eine *Anlage für elektrisches Licht.* Die Strassen sind durchweg mit *Gasglühlicht* nicht nur ausreichend, sondern, man kann sagen, splendide beleuchtet. Ausserdem sind auf dem Marktplatz, am Hafen, an Kreuzpunkten und verkehrsreichen Strassen-Ausfahrten *elektrische Bogenlampen* aufgestellt. – Gas und elektrisches Licht wird unter sehr entgegenkommenden Bedingungen auf Wunsch in jedes Haus gelegt. – Gaspreis für Beleuchtungs-und Kochzwecke im Sommer 13 Pfg., im Winter 15 Pfg. pro cbm. – Elektrisches Licht pro Kilowattstunde 50 Pfg.

Wasserversorgung. Wismar hat den Vorzug, seinen gesamten Wasserbedarf aus unterirdischen *Quellen* beziehen zu können, was natürlich viel beiträgt zu dem vorzüglich guten Gesundheitsstand der Stadt. Eine Meile weit, bei dem Dorfe *Metelsdorf,* wird ein starker unterirdischer Strom in 16 Sammelbrunnen gefasst und mittelst zwölfzölliger gusseiserner Röhren in die Stadt geleitet. Da aber das Metelsdorfer Quellwasser stark eisenhaltig ist, so wird es in den bei *Rothenthor* (eine halbe Meile vor der Stadt) liegenden *Enteisenungskammern* von seinem Eisengehalt befreit. Dies geschieht folgendermassen. Das Wasser aus den 16 Brunnen fliesst in einem Hauptbrunnen zusammen, von dem aus es durch grosse kupferne Siebe in feinen Strahlen etwa 1 m hoch auf breite, mehrere Meter starke Kieselfilter fällt. Beim Herabstrahlen aus den Sieben verbindet sich das in dem Quellwasser enthaltene Eisenoxydul mit dem Sauerstoff der Luft und setzt sich als Eisenoxyd in den Kieselfiltern ab. Aus den Filtern fliesst das Wasser vollkommen klar und eisenfrei der Stadt zu. Der Zufluss aus Metelsdorf beträgt durchschnittlich 19 Sekundenliter. Ausserdem ist eine starke Quelle dicht vor der Stadt erbohrt, die noch 10 Sekundenliter ergibt. Das Gesamtquantum von 29 Sek.-Ltr. wird in die Hochreservoire im Wasserturm gepumpt und gelangt von diesen aus in das Leitungsnetz.

Mit ganz geringen Ausnahmen ist jedes Haus der Stadt mit Wasserleitung versehen. Der Druck ist stark genug, um das Wasser in alle Etagen zu treiben. – *Wassermesser* gibt es nicht.

Wohnungsverhältnisse

Wie erwähnt, ist die Stadt mit einem Ring von Alleen umgeben, die teilweise mit Reihenhäusern, teilweise mit einzelnen Villen bebaut sind. In diesen modernen und zumeist den neuesten Anforderungen entsprechenden Häusern sind die Wohnungen verhältnismäßig etwas teurer als in der inneren Stadt. Im ganzen jedoch erreichen die Wohnungsmieten kaum die in Städten ähnlicher Grösse gewohnten Durchschnittspreise. – In der Stadt sind Wohnungen von 4–5 Zimmern und Wirtschaftslokalitäten für 400–500 Mark jährlich zu haben. In den neuen Häusern an den Promenaden vor der Stadt kosten dagegen die Wohnungen von 4–6 Zimmern und Wirtschaftslokalitäten 500–700 Mark.

Es sei bemerkt, dass die Häuser *vor* der Stadt fast ausnahmslos hübsche kleine Vorgärtchen haben, vielfach auch Balkons und Veranden. In den älteren Häusern der inneren Stadt sind dagegen zumeist die Zimmer grösser, wenn auch nicht immer höher.

In allen Wohnungen zu den obigen Preisen ist auch eine *Mädchenkammer* vorgesehen; allerdings liegt diese in den Häusern der inneren Stadt zumeist auf dem Boden. Sog. »Hängeböden« gibt es nicht. – *Badestuben* sind vielfach in den Mietswohnungen der neuen Häuser eingerichtet.

Waschküchen sind in allen Häusern vorhanden, ebenso Vorrichtungen zum Wäschetrocknen, teils auf den platten Dächern der Hinterhäuser, teils auf den Höfen. Es ist zumeist Gebrauch, zu Hause zu waschen, doch hat sich auch, einem Bedürfnis entsprechend, eine größer angelegte *»Dampf-Wasch-* und *Plättanstalt«* aufgetan.

Gasleitung ist in vielen Mietswohnungen der inneren Stadt und in den meisten vor der Stadt vorhanden. *Elektrische* Beleuchtungs-Einrichtung ist nicht nur in den meisten Läden, sondern auch in vielen Privatwohnungen zu finden: in *Miets*wohnungen allerdings bis jetzt nur vereinzelt. – *Wasserleitung* ist in sämtlichen Häusern, und zwar durch alle Stockwerke, vorhanden. Häuser mit mehr als zwei Etagen (über dem Parterre) sind nur wenige zu finden.

Was die *Kündigungstermine* für Wohnungen anbelangt, so ist dieselbe im Allgemeinen eine vierteljährliche. Doch ist es üblich, dass bessere Wohnungen nur zweimal im Jahre und zwar zu Ostern (Anfangs April) oder Michaelis (Anfang Oktober) gekündigt werden.

Festansprache von Superintendent Rische

anläßlich der Nagelung des Kriegswahrzeichens für Wismar am 17. Oktober 1915

Allerdurchlauchtigster Großherzog und Herr!
Allerdurchlauchtigste Frau Großherzogin!
Hochverehrte Volks- und Festgenossen!

Nun wollen wir hier in Wismar auch eine Nagelungsfeier halten. Wir können nicht hinter den anderen deutschen Städten und Landen zurückstehen. Gilt es doch die Erfüllung eines hohen, vaterländischen Zweckes. Früher war das Nageln eine Zauberhandlung. Man wollte Krankheiten oder sonst Böses in einem Baum oder Holz festnageln. Heute hier ist es eine heilige Handlung. Wir wollen die Erinnerung einer großen Zeit in Eiche und Eisen festhalten und ein hohes christliches Liebeswerk in das Herz des deutschen und unseres mecklenburgischen Volkes hineintreiben.

So wollen wir zuförderst *den Hammersegen* sprechen: *Drei Weiheschläge für jeden Nagel, der hier eingeschlagen wird!*

Erster Schlag: Gott geht durch die Welt zum Gericht! Ja, hören wir nicht alle, wie es durch das Weltall dröhnt, dies Krachen und Bersten? Fühlen wir nicht alle den Gang eines übermächtigen Geschicks in diesem Streiten und Morden durch die Geschichte aller Völker? Woher? Kurz gesagt: Sie Sünde ist zu mächtig geworden. Müssen wir nicht erschrecken über die furchtbare Macht der Lüge! Nicht schaudern über die satanische Gewalt des gleißenden Goldes! Denn die Lüge ist die Mutter und der Mammon der Vater des Krieges. So ging es ja auch nicht weiter. Entweder das Gericht über die gottlose Welt, oder der Untergang der sittlichen Welt! Und so sehen wir es schon zum Teil erfüllt und hoffentlich bald noch mehr, an den Völkern, die sich diesen Götzen verkauft haben, was Maurice von Stern, allerdings in anderer Beziehung, aber hier grade passend, gesungen hat:

Hinunter die Fetzen vom morschen Thron,
Herunter die Götzen von Babylon. –
Moloch wie Mammon, in Blut und Kot,
Ihr Brüder Ammon, es dämmert rot.

Es dämmert, es dämmert, bald wird es licht.
Es hämmert, es hämmert, das Weltgericht!
Horch, horch das Geläute! Dröhnender Schlag!
Und morgen und heute ist jüngster Tag!

Und wir, das deutsche Volk, sollen wir selbstgerecht auf jene weisen? Haben wir nicht auch diesem Götzen geopfert und seinem schreckenden Gefolge einziehen helfen! Genußsucht, Unsittlichkeit, fremdländische Leichtfertigkeit? – Unser Ruhm ist die Wahrhaftigkeit. Wir wollen keine Pharisäer sein. Wir dürfen es auch nicht sein. Gott kommt zum Gericht. Unsere Rettung ist sich beugen vor ihm. Nicht im ohnmächtigen Grimm vor seiner Macht, sondern im Zöllnerbekenntnis: Gott sei mir Sünder gnädig! – Des Hammersegens erster Weiheschlag ist der Schlag der Buße gegen die eigene Brust.

Der zweite Schlag: Deutschland vorwärts zum Sieg! Muß nicht unser Herz hell jauchzen und jubeln? Wo fand man jemals solche Kraft? Nach allen Seiten zeigt Deutschland seine Faust. Unerschöpflich ist seine Energie. Frankreich muß sich an ihm verbluten. Rußland erzittern. Es stärkt Oesterreich. Verteidigt Konstantinopel. Reißt Bulgarien zum Vergeltungskrieg. Straft Serbien, das Volk der Königsmörder. Und Suez und Aegypten, liegen sie zu weit, daß wir sie nicht erreichen können? Dort treffen wir den gehaßtesten Gegner in's Herz.

Das danken wir alles den tapferen, todesmutigen Heeren unserer Feldgrauen. Und unsere Mecklenburger sind auch dabei gewesen. Sie waren nicht die Schlechtesten darunter. Wie sagte jener General: »Gebt mir die bayrischen Löwen und die mecklenburgischen Büffel – dann wird aber aufgeräumt!«

Ja, der Sieg winkt uns. Wir haben Glauben. Glauben an die Kraft, die uns beseelt. Glauben an den lebendigen Gott, der unsere Zuversicht und Burg ist. In seiner Kraft sind wir ausgezogen zur Schlacht. Zu seiner Kraft werden wir auch durchhalten zum Sieg. In seinem Vertrauen nageln wir ständig: den goldenen Nagel der Kriegsanleihen, den kupfernen Nagel zum Ring der Granaten, den Eisennagel in die Brust der feindlichen Mächte. Wie singt der große Dichter von 1870, Emanuel Geibel, der heute vor 100 Jahren geboren ward?

Empor mein Volk! Das Schwert zur Hand!
Und brich hervor in Haufen!
Vom heil'gen Zorn ums Vaterland
Mit Feuer laß dich taufen!
Der Erbfeind beut dir Schmach und Spott,
Das Maß ist voll, zur Schlacht mit Gott!
Vorwärts!

Ja, Deutschland vorwärts zum Sieg! der zweite Schlag.

Der dritte Schlag: Wismar auf zum Liebeswerk! Denn unserer Stadt vor allem gilt dies Wahrzeichen. Tief sind die Wunden, die der Krieg schlug. Teuer, heilig, bitter teuer sind die Opfer, die er fordert. Aber ebenso groß sei auch die Dankbarkeit. Das sind wir schuldig den Tapfern, die Leben und Gesundheit, Gut und Blut für uns dahingaben. Schuldig unserem Christenherzen, welches fühlt nach dem, der aus Liebe für uns sich selbst ans Kreuz nageln ließ. Schuldig der Geschichte unserer Stadt. Ist nicht Wismar die Stadt der vielen milden Stiftungen? Aus jener Zeit, aus der diese vielfach stammen, stammt auch das alte Stadtwappen, welches ihr vor euch seht: Das Schiff in der Flut des nahen Meeres, reiche Güter werbend. Aber vorn am Bug sitzt die Möwe, die müde vom Flug dort einen Ruheplatz fand. Und niemand trieb sie fort. So sollen auch unsere Kriegshelden, wenn sie wund und müde aus der Feldschlacht kommen, oder wenn sie nicht wieder heimkehren, wissen, daß Hilfe und Liebe ihrer wartet oder ihrer Angehörigen, die sie notbedrängt zurücklassen. Darum: auf zum Liebeswerk! Des Hammersegens dritter Schlag.

So trete denn heute und an den kommenden Tagen jeder heran und schlag ein: Rat und Bürgerschaft, Kirche und Schule, Gewerk- und Körperschaften, einzelne, hoch und niedrig, Männer, Frauen, Kinder, alles was einen Hammer heben kann. Ein Erinnerungszeichen soll entstehen für die kommenden Geschlechter, heilig, fest und dauernd. Gefertigt aus dem Geiste ernster Buße, kraftvollen Glaubens und tatkräftiger christlicher Nächstenliebe.

Bekanntmachung

des Arbeiter- und Soldatenrats Wismar
November 1918

Für die Stadt Wismar ist ein Arbeiter- und Soldatenrat gebildet und tritt mit dem heutigen Tage in Tätigkeit.

Die Bevölkerung der Stadt Wismar wird hiermit davon in Kenntnis gesetzt und gleichzeitig darauf aufmerksam gemacht, Ruhe und Ordnung zu wahren. Ausschreitungen jeder Art werden nicht geduldet.

Alle Behörden, die bisher die Verwaltung der Stadt Wismar in Händen hatten, sind dem Arbeiter- und Soldatenrat unterstellt. Für die Einwohner sind sie jedoch nach wie vor zuständig.

Arbeiter- und Soldatenrat Wismar.
K. Malchow. Otte.

Rudolf Kleiminger

Die grosse Stadtschule in der NS-Diktatur

Schon im Mai 1933 wurde der Druck der Partei spürbarer. Man revidierte am 8. Mai die Schüler- und Lehrerbibliothek der Schule und vernichtete alle an die *»Systemzeit«* erinnernden Bücher. Man hielt darauf, daß sich die Schüler fürs Militär interessierten; man machte den Wehrsport für alle über 14 Jahre alten Schüler verbindlich und sorgte dafür, daß alle Primaner ein im Hafen liegendes Kriegsschiff besichtigten. Ja, im Juni 1933 forderte sogar das Ministerium die Lehrer auf, an den Kursen zur Förderung des Wehrsports teilzunehmen, verbot ihnen, in jüdischen Warenhäusern zu kaufen, in sozialdemokratischen Zeitungen zu inserieren, und entfernte ehemalige aktive Sozialdemokraten aus ihren Ämtern; Kommunisten durften nicht mehr Mitglieder der Schulvorstände sein. Den Schülern wurde das bisher verpönte Tragen von politischen (sprich nationalsozialistischen!) Abzeichen erlaubt, nichtarischen Schülern wurden Freistellen und Erziehungsbeihilfen entzogen.

Es war pädagogisch sicher von Vorteil, daß unter diesen Umständen die Regierung gleich nach den großen Ferien genaue Richtlinien über das politische Verhalten von Lehrern und Schülern in Zweifelsfällen herausgab, auch wenn sie nur ganz äußerlicher Art waren. Der Erlaß regelte den Gruß von Schülern und Lehrern, schrieb vor, wie hoch und wie lange man den Arm zum Hitlergruß zu heben hätte, daß der Gruß auf der Straße stumm sein sollte, wie die Lehrer und wie die Schüler beim Beginn des Unterrichts zu grüßen hätten und wie der Arm beim Absingen des Deutschlandliedes und Horst-Wessel-Liedes zu halten war. Den Schulleitern wurde ferner nahegelegt, dafür zu sorgen, daß in allen Klassen ein Hitlerbild hinge!

...

Besonderen Wert legte der neue Staat auf die systematische *politische Erziehung von Lehrern und Schülern.* Hier stellte sich der totalitäre Staat eine neue und in der Geschichte der Schule einzig dastehende Aufgabe. Hatte doch selbst der sozialistisch geführte Staat von 1918–1933 noch als obersten Grundsatz der Erziehung betont, daß Politik nicht in die Schule gehörte! Das Mittel, dessen sich der neue Staat zur faschistischen Erziehung der Jugend und ihrer Erzieher bediente, war ein Zwang meist rigorosester Art.

Man schulte Lehrer und Schüler politisch, und zwar gesondert: die Lehrer im *nationalsozialistischen Lehrerbund,* die Schüler in der *Hitlerjugend.* Da hierdurch aber noch nicht die Gewähr geboten war, daß alle Lehrer, und namentlich der »reaktionäre« Schulleiter auch wirklich im nationalsozialistischen Sinne unterrichteten oder die Schule leiteten, bestellte man an jeder höheren Schule des Landes Lehrer zu »Aufpassern« (sprich Denunzianten), die nicht nur die Schulfeiern, Äußerungen im Konferenzzimmer und Anordnungen des Direktors bespitzelten, sondern auch mit einigen Schülern der Schule, meist Hitlerjugendführern, zwecks Erkundungen von unvorsichtigen antifaschistischen Äußerungen der Lehrer im Unterricht und Weitergabe an die Partei in Verbindung traten.

Gleichzeitig mit der Überführung der Wismarer Jugend in die Hitlerjugend geschah die *Auflösung des Philologenvereins* und die Eingliederung der Lehrer in den nationalsozialistischen Lehrerbund. Die Animosität gegen diese »Um- und Gleichschaltung« des gesamten Lehrerstandes war im Kollegium anfangs groß, und einige Lehrer weigerten sich, in den neuen Bund einzutreten. Nur durch Drohungen mit Entfernung aus dem Amte u.ä. konnte der anfängliche Widerstand gebrochen werden.

Während die Philologenvereinssitzungen die Erörterungen von Fach-, Staats- und Wirtschaftsfragen als Gegenstände hatten, besprach man in den nationalsozialistischen Sitzungen in der Hauptsache politische Fragen. Wanderredner orientierten über neue Auffassungen von geschichtlichen Perioden (z.B. Karl der Große = »Massenschlächter«), über Vererbungs- und Rassenlehre, über Fragen der nationalsozialistischen Weltanschauung u.ä. – Da es in einem faschistischen Staate keine Diskussion gab, mußte jeder Lehrer in diesen Sitzungen die neuen Gedanken über sich ergehen lassen, ohne Einwände erheben zu dürfen.

Die natürliche Folge waren Uninteressiertheit, Langeweile oder bei Verhöhnung der christlichen Lehre Empörung.

Als man einsah, daß die Werbung für den Nationalsozialismus auf diese Weise so gut wie erfolglos war, versuchte man es mit Kursen, zu denen man politisch »unsichere« Lehrer, meist in der Schulzeit, einzog. Als Leiter und Lehrer waren in diesen Schulungsheimen ausgesuchte Nationalsozialisten tätig, die in schöner Umgebung und geselligem Beisammensein bei meist vorzüglicher Beköstigung die Unterdrückung aller Gemütsregungen und Bindungen an die christliche Religion vorzunehmen sich anheischig machten. Man sagte mir zynisch, daß ein Kursus von zwei bis drei Wochen – höchstens vier Wochen – genügte, um das letzte Stück mittelalterlichen Überbleibsels aus den Herzen der Kursusteilnehmer zu amputieren, um aus einem christlich eingestellten Lehrer einen »gottgläubigen« zu machen. Ja, es kursierte auch noch ein zweites Wort eines Kursuslehrers, das ich selbst mit anhörte: »Die Lehrer in Mecklenburg hätten die Absicht, Adolf Hitler den Austritt sämtlicher Lehrer aus der evangelischen Kirche als Gabe auf den nächsten Geburtstagstisch zu legen!«

. . .

Die Partei versuchte, nun auch aus den Schulfeiern alles zu entfernen, was mit Kirche, Bibel und geistlichen Gesängen in Zusammenhang stand. Man wandte die viel erprobte Parteimethode an, daß man Feiern dieser Art zunächst nicht verbot, aber die Feier so in den Augen der Schüler, d.h. der Hitlerjugend, herabzuwürdigen suchte, daß eine unbefangene Teilnahme an ihr für die Schüler nicht mehr möglich war. Man ließ die im Klassenschrank befindlichen Bibeln zerreißen, überantwortete die Liederbücher des Kirchenchors, dessen Schrank man erbrach, dem Feuer und höhnte auf das Alte Testament und die »jüdische« Christenlehre. Viele Schüler der Hitlerjugend entzweiten sich mit ihren Eltern und Verwandten, weigerten sich, in den Konfirmandenunterricht zu gehen und fanden in allem weitgehende Unterstützung.

. . .

Die Schulfeiern der »Nazizeit« unterschieden sich von den Feiern vor dieser Zeit ganz wesentlich. Die Formen waren meist militärisch, der Inhalt politisch und propagandistisch, und Rundfunk und Film wurden erstmalig in den Dienst der nationalsozialistischen Erziehung gestellt.

Die *Flaggenhissung* geschah auf Anordnung des Reiches am Tage vor und nach den Ferien und ging stramm militärisch vor sich: Der Oberstudienrat ließ die Schule in einem Quadrat antreten, das nach der Schulseite zu geöffnet war und meldete dem aus der Schule heraustretenden Direktor, daß die Schule zur Flaggenhissung, bei der auch die Lehrer der Schule zugegen zu sein hatten, angetreten wäre. Der Direktor ließ »Rühren« und kommandierte dann »Stillgestanden« und »Zur Flagge die Augen links«. Darauf kam das Kommando »Heiß Flagge«, worauf 4 Primaner die beiden Flaggen hißten, während der Direktor ein Kernwort zu sprechen hatte. Nach dem Kommando »Augen geradeaus«, »Rührt Euch« teilte der Direktor Schulangelegenheiten mit. Der Appell endigte mit dem Kommando »Stillgestanden«, »Unserm Führer und Reichskanzler ein dreifaches Sieg« –, worauf die ganze Schule mit »Heil« antwortete, was zweimal wiederholt wurde, worauf das Kommando »Wegtreten« gegeben wurde.

. . .

Der eigentliche Kampf der Hitlerjugend gegen die Schule sollte 1934 beginnen, denn bereits am 12. Jan. 1934 wurde die Stellung der Hitlerjugend zur Schule gesetzlich geregelt. Es wurde die Handhabung des Hitlergrußes schriftlich festgelegt, und auch eine genaue Abgrenzung der Befugnisse der Hitlerjugend vorgenommen.

Peter Neichel

Luftangriffe auf Wismar

24. September 1942

Einer der schwersten Luftangriffe auf Wismar erfolgte in der Nacht des 24. September 1942. Von 83 gestarteten Flugzeugen griffen 54 Bomber die Stadt an. Abgeworfen wurden 50,9 t Sprengbomben und 12,2 t Brandbomben. Das britische Bomber Command erlitt bei diesem Angriff einen Verlust von 4 Maschinen.

Die Verwüstungen in der Altstadt waren erheblich. 31 Häuser mit 78 Wohnungen in der Altwismarstraße (heute der östliche Teil der Lübschen Straße), Wilhelmstraße (Klaus-Jesup-Straße), Lübschen Straße, Ulmenstraße, ABC-Straße, Wasserstraße, Schweriner Straße, (Ernst-Thälmann-Straße), Zeughausstraße u.a. wurden total zerstört.

Von den städtischen Gebäuden wurde der Ostflügel des Rathauses durch eine auf dem Marktplatz niedergegangene Sprengbombe erheblich beschädigt. Die Vorderwand war herausgebrochen und die Seitenwände zeigten Risse. Schäden entstanden an den Stadtwerken, am Heimatmuseum und am Seegrenzschlachthaus. Die Zuckerfabrik und die Hobelwerke erhielten ebenfalls Treffer. Die Kosten zur Schadensbeseitigung wurden in einer Niederschrift des damaligen Stadtkämmerers Dr. Maus auf über 2,1 Millionen Reichsmark beziffert, ohne Aufrechnung der 1527 Schadensersatzansprüche von Privatpersonen. Dieser Bombenangriff forderte 67 Tote – überwiegend aus der Zivilbevölkerung – und 109 Verletzte.

Ein Schüler der Großen Stadtschule schrieb seine Eindrücke von diesem Fliegerangriff und den Stunden danach nieder: »Noch vor kurzer Zeit war ich in Jesendorf bei Wismar zum Kartoffelsammeln eingesetzt ... Mittwoch abends gingen wir froh ins Bett und hatten noch nicht lange geschlafen, als jemand ans Fenster klopfte und rief: ›Bombenangriff auf Wismar!‹ Ich fuhr schlaftrunken hoch und zog mich an. Richtig zu mir gekommen bin ich erst, als wir draußen waren. Einige Bauern standen dort, die alle nach einer Richtung starrten: nach Wismar! Über der Stadt sahen wir deutlich den roten Feuervorhang. Ein dumpfes Grollen drang zu uns herüber. Das Brummen der Flugzeuge, das Einschlagen der Bomben, das Aufbellen der Flak, das Knattern der englischen Bord-Maschinengewehre – alles zusammengefaßt zu einem furchtbaren Akkord: Krieg!«

...

Zur Behebung der Bombenschäden wurden neben der Zivilbevölkerung und den Kräften der Flak-Ersatzabteilung auch Zwangsarbeiter eingesetzt. Zur Beseitigung der umfangreichen Dachschäden forderte die Stadtverwaltung weitere ausländische Arbeitskräfte an. So trafen im Februar 1943 50 polnische Dachdecker ein, die in einem eigens für diesen Zweck errichteten Barackenlager in der Arndtstraße gesondert untergebracht waren und unter verstärkter Aufsicht Zwangsarbeit verrichten mußten.

14. April 1945

Der letzte Fliegerangriff fand in der Nacht vom 14. zum 15. April 1945 statt, bei dem etwa 3 bis 5 Lufttorpedos den historischen Kern der Stadt trafen und wertvolle Kultur- und Kunstdenkmale völlig zerstörten oder stark beschädigten.

Sowohl die St.-Marien- als auch die St.-Georgen-Kirche wurden zu Ruinen und das um 1450 erbaute Archidiakonat (1963 mit staatlichen Mitteln wieder aufgebaut), die Kapelle Maria zur Weiden, die Alte Schule, der Gefangenenturm und einzelne Wohnhäuser zerstört.

In diesen letzten Kriegstagen erfolgte durch die Stadtverwaltung keine Schadensermittlung mehr, denn die führenden Faschisten der Stadt bereiteten sich darauf vor, sich ihrer Mitverantwortung für den Krieg zu entziehen.

Mit dem Einmarsch englisch-kanadischer Truppen und der Übergabe der Stadt durch den damaligen Oberbürgermeister Alfred Pleuger am 2. Mai 1945 war für Wismar der zweite Weltkrieg beendet.

Die 12 Bombardements hinterließen in der Stadt tiefe Wunden. Bei den Luftangriffen verloren 314 Menschen ihr Leben. Neben den Schäden an den historischen Baudenkmalen lagen am Ende des Krieges 344 Wohnhäuser in Trümmern, 531 Gebäude waren schwer und weitere 1025 leicht beschädigt. 3165 Wohnungen – über 26 Prozent – existierten nicht mehr.

Hans-Günther Wentzel

Das Kriegsende in Wismar

Für Wismar war der Krieg zu Ende. Wir konnten zunächst ruhig schlafen. Und das war herrlich! Nun, es ist noch kein Waffenstillstand, wie wird ein Friedensvertrag später aussehen? Zweifel kommen wieder auf! Bei Hornstorf stehen die Russen. Man hört so oft: Was die Russen einmal haben, geben sie nicht wieder auf. Und da ist etwas Wahres dran.

Der Kommandeur der US-Truppen in Wismar gab der polnischen Bevölkerung die Geschäfte zur Plünderung für zwei Tage frei! Nach dieser Aktion wurde den Flüchtlingen gestattet, in den Kasernen für eigene Zwekke benötigtes Bettzeug, Bekleidung und Haushaltsgerät mitzunehmen. Die Ausgangssperre wurde für die einheimische Bevölkerung bereits am 6. Mai 1945 wieder aufgehoben. Es war jedoch verboten, das Stadtgebiet ohne besondere Genehmigung zu verlassen. Nach der Kapitulation erhielt Wismar eine neue Stadtverwaltung. Der neue Oberbürgermeister heißt Baron Heinrich von Biel. Er stammt aus Zierow, wo seit vielen Generationen die Biels ansässig sind. Heinrich von Biel war vor dem Kriege im New Yorker Kontor der HAPAG tätig. Man hatte Verwaltungs-, Wirtschafts- und Sonderaufgaben an bewährte Politiker zu Beginn dieser amerikanisch-englischen Besatzungszeit gegeben. Es war eine Administration, die nicht bürokratisch arbeitete und den Wiederaufbauwilligen der Seestadt Wismar große Unterstützung angedeihen ließ.

Der Verlauf der Demarkationslinie östlich von Wismar war von den Amerikanern und Russen vorläufig festgelegt worden: Beginnend bei Hohen Viecheln, Schimm, Levetzow, Kritzow, Gagzow, hinter dem Stadtteil Eiserne Hand auf Dorf Redentin zu. Dorf Redentin war noch umstritten, etwa bei Fischkaten müßte die Grenze gewesen sein. Jedenfalls gehörte die Insel Poel mit zur sowjetisch besetzten Zone.

Die Kommandantur der alliierten Militärregierung verfügte eine sofortige Änderung der Straßenbezeichnungen, die an die NS-Zeit erinnern – die Adolf-Hitler-Schule erhält wieder die frühere Bezeichnung Mädchen-Mittelschule und die Horst-Wessel-Schule wird wieder Knaben-Mittelschule. Die Schilder der NSDAP und deren Gliederungen werden entfernt. Das gleiche gilt für Bilder von Adolf Hitler und anderen Persönlichkeiten des Dritten Reiches in den Amtsstuben und Schulräumen. Auch alle weiteren Embleme sind zu vernichten. Auf der Müllkippe beim Bibow'schen Kohlenlagerplatz an der Kopenhagener Straße liegen zerfetzt zahlreiche Fotos, Zeichnungen und Radierungen von Hitler-Portraits. Vor 14 Tagen hingen diese noch irgendwo in Wohnstuben und Kontoren mancher Bürger. Schnell ändert sich der Wind! – Sehr gefragt bei den Besatzern ist das Buch »Adolf Hitler, Mein Kampf«, wofür viel geboten und getauscht wird.

Mitte März lösen Truppen des englischen Königreiches die Amerikaner ab. Der neue Stadtkommandant wird Major Charles. Seine Soldaten ziehen in die Flak-Kaserne ein. Die Truppe ist gut ausgerüstet, die Soldaten tragen saubere Uniformen. Zwischen der Stadtverwaltung und Major Charles besteht ein vernünftiges und sachliches Einvernehmen. Die Versorgung der Bevölkerung erfolgt nach dem bisherigen Kartensystem.

Das Zusammenleben mit den Engländern ist erträglich. Wir haben keine Veranlassung zu klagen. Bis jetzt habe ich auch nicht gehört, daß in unserer Stadt Verhaftungen oder Maßnahmen erfolgt sind, die aus einer ehemaligen Zugehörigkeit der NSDAP oder einer ihrer Gliederungen herrühren. Die was »zu sagen« hatten, sind sowieso noch rechtzeitig vor Torschluß nach Schleswig-Holstein abgehauen.

Es wird schon wieder denunziert. Leute, die hierzu den Drang verspüren, laufen zur Kommandantur oder zur Polizei. Man gibt an, wer unter dem NS-Regime bei den einzelnen Gruppierungen mitgewirkt habe. Dabei ist es gleichgültig, ob sich der Betreffende dabei unbeliebt gemacht hat oder nicht.

. . .

Am 1. Juli 1945 besetzten die Sowjets den Westteil Mecklenburgs. Kurz hinter Lübeck-Eichholz lief nun die neue Demarkationslinie. Erst am 30. Juni hatte Major Charles in seiner Eigenschaft als englischer Stadtkommandant die Bevölkerung wissen lassen, daß die englische Besatzungsmacht Wismar sofort räumen würde. Aufgrund der in Jalta mit der Sowjetunion getroffenen Vereinbarung würde der restliche Teil Mecklenburgs den Sowjets zur Administration übergeben werden. Er versicherte gleichzeitig der Bevölkerung, daß alles so bleiben werde wie bisher, und man solle sich daher keine Sorge machen (das war ein absoluter Trugschluß).

Machtübernahme 1945

Aus einer SED-Festschrift von 1979

Die Schaffung neuer demokratischer Staatsorgane war eine entscheidende Voraussetzung für die antifaschistisch-demokratische Umwälzung. Der Aufbau neuer Selbstverwaltungsorgane in den Städten und Kreisen der sowjetischen Besatzungszone erfolgte im Monat Juni 1945 und in den von den Engländern und Kanadiern vorübergehend besetzten Gebieten unmittelbar nach dem Einzug sowjetischer Truppen, wie zum Beispiel in Wismar und anderen Gemeinden und Städten des westlichen Teils von Mecklenburg. Bereits am 5. Juli 1945 bestätigte Marschall Shukow die Landesverwaltung Mecklenburg-Vorpommern mit ihrem Präsidenten Wilhelm Höcker (SPD).

Im Herbst 1946 wurden in den Gemeinden, Kreisen und Ländern der sowjetischen Besatzungszone die ersten antifaschistisch-demokratischen Volksvertretungen gewählt. Dabei traten die drei Parteien – SED, CDU und LDPD – mit eigenen Listen auf. Mit den Wahlen wurde die antifaschistisch-demokratische Staatsmacht auf eine höhere Stufe gehoben. Sie bedeuteten auch für die Parteien des Antifa-Blockes eine Bewährungsprobe, weil neben den vielen progressiven Kräften in den bürgerlich-demokratischen Parteien noch einige reaktionäre Kräfte wirkten, die auf einen Mißerfolg des Bündnisses hofften. In Vorbereitung der Wahlen zum Wismarer

Stadtparlament legten Vertreter des Rates der Stadt, so auch der Oberbürgermeister, Herbert Säverin, vor der Öffentlichkeit Rechenschaft über ihre Tätigkeit ab. Höhepunkte in der Wahlvorbereitung waren die Großkundgebungen am 9. September 1946, auf der Genosse Wilhelm Pieck als Parteivorsitzender der SED vom Balkon des Rathauses zu 10 000 Bürgern Wismars sprach, und am 28. September 1946 mit dem Präsidenten der Landesverwaltung Mecklenburg-Vorpommern, Wilhelm Höcker. Am 15. September 1946 gingen die Wismarer Bürger an die Wahlurne, um 40 Abgeordnete für die Stadtverordnetenversammlung zu wählen.

Von den 26 495 wahlberechtigten Bürgern nahmen 23 792 an der Wahl teil, das waren 89,9 Prozent. Es wurden 22 834 gültige Stimmen abgegeben, insgesamt 95,1 Prozent. Die Stimmverteilung ergab folgendes Bild:

SED	11431 Stimmen	= 50,06%
CDU	4190 Stimmen	= 18,35%
LDPD	6144 Stimmen	= 26,78%
Frauenausschuß	1099 Stimmen	= 4,81%

Dieses Wahlergebnis war ein Spiegelbild des großen Vertrauens, das die Bürger der Stadt der vereinigten Arbeiterpartei, der SED, bereits entgegenbrachten. Die SED stellte auf Grund des Stimmenanteils auch die Mehrheit der Abgeordneten für das Stadtparlament.

Die Sitze der 40 Abgeordneten verteilten sich wie folgt:

SED	20 Sitze
CDU	7 Sitze
LDPD	11 Sitze
Frauenausschuß	2 Sitze

Aus den MfS-Akten über den Wismarer Bürger Ulrich Schacht

I.

Quelle: GI »Helmfried« angen. am.: 04.05.1968 um
angen.: Ltn. Wobst 10 Uhr, Stadt

Bericht

Am 30. 4. 68 hatte ich nachmittags in der Gaststätte »Culinar« eine Diskussion mit einem Jugendlichen von der Jungen Gemeinde. Er wohnt Böttcherstr. und heißt mit dem Familiennamen *Schacht.* Nach meiner Meinung arbeitet er beim Bäckermeister ...? in Wismar. Er ist ca. 15 Jahre alt. Sein Freund mit dem Vornamen Peter ist ebenfalls ein Mitglied dieser kirchl. Organisation. Er nahm an dieser Diskussion mit teil. Im Gespräch wurde folgendes gesagt:

- »Es ist eine Schweinerei, daß wir *Schütz* nicht durch das Gebiet der DDR reisen lassen und uns nicht an das Potsdamer Abkommen halten«.
- »Den Christen ist in der neuen Verfassung zuwenig Garantie gegeben. Die alte war diesbezüglich besser«.
- »Die faschistische Partei in Westdeutschland NPD vergleicht er mit der NDPD in der DDR. Als Begründung sagte er, in der NDPD sind auch die alten Nazis drin«.
- »Die Parteien (NDPD, LDPD) geben ihre Positionen als ›Partei‹ auf, da sie die SED als führende Partei anerkennen.«

- »Gen. W. *Ulbricht* und andere führende Genossen bekommen zuviel Geld und bilden einen Personenkult«.
- »Sie als Christen sehen den Kommunismus nicht als Endziel in der gesellschaftlichen Entwicklung, es muß danach noch etwas kommen«.

Er machte den Vorschlag, das Gespräch fortzusetzen, an diesem Gespräch soll ich mehrere Jugendliche und Genossen einladen, er kommt gleichfalls mit einer Gruppe der Jungen Gemeinde. Dieses Gespräch soll Anfang Juli geführt werden.

Ort und genaue Zeit sollen noch vereinbart werden.

»Helmfried«

Maßnahmen: Bericht abschriftlich zur Information an die BV und Gen. Ltn. Mertins

Wobst
Leutnant

MINISTERRAT
DER DEUTSCHEN DEMOKRATISCHEN REPUBLIK
Ministerium für Staatssicherheit

Geheim!

Hauptabteilung/Abteilung VIII
Bezirksverwaltung Schwerin
Sachbearbeiter
Zimmer Telefon

Hauptabteilung/Abteilung
Bezirksverwaltung
Kreisdienststelle
des Ministeriums für Staatssicherheit

Beobachtungsbericht

Betr. S c h a c h t, Ulrich
Wohnhaft Wismar, Böttcherstraße 16 a
Decknamen "H o s e" Reg.-Nr. des Auftrages
Für die Zeit vom 14.08. - 15. 08. 70 ~~19~~ von 13.30 Uhr bis 06.15 Uhr

14. 08. 1970

Die Beobachtung von "Hose" wurde am 14. 08. 1970 um
13.30 Uhr in der Nähe des VPKA begonnen.
14.20 Uhr verließ "Hose" das VPKA und ging über den Markt zum Reisebüro. Hier übernahm er die Unterlagen für die Auslandsfahrt, in die CSSR, kaufte eine Fahrkarte nach Rostock und erkundigte sich nach den Zuganschlüssen, über Rostock, in die CSSR.
14.40 Uhr verließ "Hose" das Reisebüro und ging in die Bank am Markt. Hier begab er sich zu einem Schalter und führte ein kurzes Gespräch, danach verließ er die Bank. Von hier aus begab er sich zur Reinigung in der LöschenStraße.
Nach kurzer Zeit kam "Hose" wieder heraus und ging in seine Wohnung, Böttcherstraße 16 a.
Nach ca. 2 Minuten verließ "Hose" das Objekthaus und begab sich zur "Kogge" am Markt. In der Gaststätte traf er sich mit einer männlichen Person. Die Person erhält den Decknamen

"J a c k o"

\- 2 -

0717 1200 20.0

- 2 -

Personenbeschreibung: "J a c k e"

scheinbares Alter	:	ca. 20 Jahre
Größe	:	ca, 170 cm
Figur	:	schlank
Gesichtsform	:	lang
Haarfarbe	:	schwarz
		Lippenbart und Backenbart, leicht angedeutet

Bekleidung : grün-braune Windjacke
mit breitem Gürtel und Ärmelbund
dunkelgraue Hose - enganliegend
weißer Pullover
ständig eine Sonnenbrille getragen

"Jacke" wurde von "Hose" aufgefordert sofort zu bezahlen. Danach verließen sie die Gaststätte. Beide begaben sich jetzt in schnellem Tempo zur Reinigung in der Pöeler Straße - Ecke Hoher Damm. Nach kurzer Zeit verließen sie wieder die Reinigung und begaben sich zurück in die Böttcher-Straße.

16.00 Uhr betraten sie das Haus Nr. 11.

17.15 Uhr verließen beide das Haus und begaben sich zur Bank, am Markt.
Hier wollten sie Geld umtauschen.
Nachdem das Vorhaben mißlang schimpften sie kräftig darüber und gingen zum Hafengelände, in der Nähe des "Internationalen Seemanns Club".
Hier blieben sie ca. 5 Minuten stehen ohne etwas zu unternehmen. Danach begaben sie sich ca.

17.30 Uhr ins Hafengelände, Kopenhagener Straße.
Hier wurden sie vom Zoll nicht gehindert das gesperrte Hafengelände zu betreten.

17.40 Uhr verließen sie das Hafengelände und begaben sich durch die Blüffel Straße in Richtung Markt. Unterwegs wurden in einem Bäckerladen und Gemüseladen Einkäufe gemacht. Vom Markt aus gingen sie in die Karl Liebknecht Straße, Dahlmann Straße in die Neue Wall Straße und betraten das Haus Nr. 6 um

18.10 Uhr

- 3 -

18.35 Uhr verließen sie das Haus und gingen zur Böttcher Straße, dort betraten sie das Haus Nr. 11. Nach kurzer Zeit verließen sie das Haus Nr. 11 und gingen in das Objekthaus Nr. 16 a.

20.15 Uhr verließen beide und eine weibliche Person das Haus und begaben sich zum Bahnhof. Am Bahnhof auf dem Bahnsteig wurde "Hose" herzlich, mit Kuß, von der älteren weiblichen Person verabschiedet. "Hose" fuhr mit dem planmäßigen Zug nach Rostock ab. "Jacke" und die weibliche Person verließen das Bahnhofsgebäude. Im Zug, bei der Fahrkartenkontrolle gab es Auseinandersetzungen mit dem Schaffner. "Hose" verweigerte die Bezahlung des Zuschlages. Daraufhin wurde der Zugführer herangeholt. Es stellte sich heraus, daß er keinen Zuschlag bezahlen brauchte. Während der Fahrt saß "Hose" allein und las in einem Buch. (Titel "Das offene Fenster)

22.46 Uhr traf der Zug mit 25 Minuten Verspätung in Rostock ein. "Hose" stieg aus und traf sich mit einer männlichen Person, die er mit Toni ansprach. Diese Person (männlich) erhält den Decknamen

" G ü r t e l " [redacted]

Im laufe des Gesprächs zog "Hose" seinen Personalausweis und zeigte ihn "Gürtel", dabei lachten sie beide. Danach gingen sie in die Mitropa, wo sie Brause tranken. Nach Einlauf des Zuges verließen sie die Mitropa und bestiegen den Wagen Nr. 44. Nach kurzer Zeit stiegen sie aus und suchten am anderen Ende des Zuges den Wagen Nr. 45 auf. Für diesen Wagen hatten beide die Karten gelöst. Der Zug fuhr planmäßig in Richtung Prag über Berlin und Dresden ab. In Berlin, am Ostbahnhof, stieg eine weitere unbekannte männliche Person zu. Die männliche Person erhält den Decknamen

" H e m d " [redacted]

Personenbeschreibung:

scheinbares Alter	:	ca. 20 Jahre
Größe	:	175 cm
Figur	:	schlank
Gesichtsform	:	lang
Haarfarbe	:	dunkelblond

Bekleidung : dunkle Jacke
dunkelblaue Hose
dunkles, weißgepunktes Hemd

- 4 -

Alle drei kannten sich. Nach der Begrüßung verließ "Hose" den Zug und ging zur Bahnhofshalle.
Er hatte eine kleine, schwarze Tasche bei sich.
In der Bahnhofshalle drehte er um und ging zum Zug zurück.
Gleich darauf verließen alle drei den Zug und gingen in die Bahnhofshalle, zum Schalter für Geldumtausch.
Hier haben sie nichts erreicht.
Danach kehrten sie in den Zug zurück, der planmäßig abfuhr.
Aus einem Gespräch konnte entnommen werden, daß sie es in Bad-Schandau nochmals versuchen wollten.
Danach begaben sich alle drei zum Abteil und schliefen bis Dresden.
Nach Einfahrt des Zuges in Dresden-Hauptbahnhof stellten sie ihr Gepäck um und wechselten die Plätze, vom Fenster zum Mittelgang.
Mit dem planmäßigen Zug nach Prag über Bad-Schandau fuhren die drei weiter.

06.15 Uhr wurde die Beobachtung beendet.

Die Personen führten folgendes Gepäck bei sich:

"Hose" einen großen, grauen Koffer

"Gürtel" einen alten, braunen Lord

"Hemd" einen kleinen, grauen Koffer

O [signature]
Leutnant

Abteilung VIII Schwerin, den 02.04.1973

Festnahmebericht

Am 29.03.1973, 06.4o Uhr, wurde im Auftrage der BV Schwerin, Abteilung XX die Person

SCHACHT, Ulrich
geb. am 09.03.1951
wohnhaft in Wismar, Böttcherstr. 16 a

offiziell festgenommen und der UHA Schwerin zugeführt.

Die Festnahme verlief wie folgt:

Entsprechend der geführten Aufklärung befand sich die Wohnung, die SCHACHT, Ulrich gemeinsam mit seiner Mutter bewohnt, in der II. Etage des Hauses Böttcherstr. 16 a.
Ein Fluchtweg wäre nur über das Treppenhaus möglich.

Die Festnahmegruppe begab sich zur Wohnung der festzunehmenden Person. Beide vorhandenen Wohnungstüren waren verschlossen. Nach mehrmaligem Klopfen fragte innen eine männliche Stimme: "Wer ist da?"
Diese Frage wurde mit "Herr Lorenz" beantwortet. Darauf wurde innen der Schlüssel aus der Küchentür, ohne diese zu öffnen, abgezogen, aber bereits kurz darauf die Flurtür zur Wohnung geöffnett.

Der Leiter der Festnahmegruppe verlangte Herrn SCHACHT, Ulrich zu sprechen.
Nachdem sich die öffnende Person als U. SCHACHT vorstellte, wies sich der Leiter der Festnahmegruppe als Mitarbeiter des MfS aus.

- 2 -

- 2 -

SCHACHT wurde höflich aufgefordert, sich mit seinem Personalausweis auszuweisen. An Hand des PA konnte die Identität festgestellt werden.

Dem Festzunehmenden wurde daraufhin zur Kenntnis gegeben, daß er vorläufig festgenommen sei, allen Aufforderungen Folge zu leisten und sich sofort zum Abtransport bereitzumachen habe.
SCHACHT, Ulrich befand sich im Schlafanzug.

Alle Kleidungsstücke, die SCHACHT anzulegen wünschte, wurden auf Hieb-, Stich- und Schußwaffen kontrolliert.

Bei Betreten der Wohnung war festgestellt, daß U. SCHACHT alleine in der Wohnung anwesend war.
Nach dem Aufenthalt der Mutter befragt, gab er zur Kenntnis, daß sich die Mutter SCHACHT, Wendelgard zu Besuch bei Familie [redacted] in [redacted] aufhält und erst zum Wochenende wieder zurück komme.

U. SCHACHT wurde in Kenntnis gesetzt, daß er längere Zeit aus der Wohnung fern sein werde. Entsprechend einer weiteren Frage, wer bis zur Rückkehr seiner Mutter für die Wohnung verantwortlich sein könnte, erklärte er, daß wir uns mit allen Fragen an seinen Cousin Friedhelm MÄKER, Wismar, Neue Wallstraße 06, wenden sollten.

Vor dem Verlassen der Wohnung wurden alle Fenster der Wohnung verschlossen. Die in der Wohnung verbleibende Katze wurde mit Nahrung und einer Möglichkeit zur Verrichtung der Notdurft versorgt.

Die Wohnung wurde im Beisein des Festgenommenen verschlossen.
U. SCHACHT bestieg den bereitstehenden PKW der Festnahmegruppe.
Seine Überführung verlief ohne Vorkommnisse.
Um 07.3o Uhr erfolgte die Einlieferung in die UHA Schwerin.

Der Zugang der Wohnung wurde vom Zeitpunkt der Festnahme bis zur sich anschließenden Durchsuchung unter Kontrolle gehalten, damit zwischenzeitlich keine andere Person die Wohnung betreten konnte.

Leiter der Abteilung VIII

Bölkow
Major

Loth
Oberleutnant

Die Entwicklung Wismars in den nächsten Jahren

Aus einer SED-Festschrift von 1979

Im Prozeß des Werdens und Wachsens von Wismar zu einer sozialistischen Werft-, Hafen- und Hochschulstadt konnten in den seit Gründung der Republik vergangenen 30 Jahren auf allen Gebieten des gesellschaftlichen Lebens große Erfolge erzielt werden. Im Rahmen dieser Entwicklung erwiesen sich dabei die Jahre nach dem VIII. Parteitag der SED als die bisher erfolgreichsten. Diese Erfolge sind das Werk und das Ergebnis des Fleißes wie des Schöpfertums aller Bevölkerungsschichten, deren vielfältige Aktivität dank der klugen Führung durch die revolutionäre Partei der Arbeiterklasse in breitem Maße entfaltet und auf die Erfüllung der gesellschaftlich jeweils vordringlichsten Aufgaben gerichtet wurde. Gestützt auf die in der Nationalen Front zusammengeschlossenen Parteien und Massenorganisationen, haben Stadtverordnetenversammlung und Rat der Stadt unter ständiger Einbeziehung vieler Arbeiter, Angehöriger der Intelligenz, Handwerker und Gewerbetreibender und anderer Werktätiger die sozialistische Entwicklung auf ihrem Territorium mit guten Resultaten geleitet.

In dieser Zeit trugen hervorragende Persönlichkeiten in leitenden Funktionen durch ihr unermüdliches Wirken zum Wohle der Stadt und ihrer Bürger zur sozialistischen Erneuerung der Stadt Wismar bei. Stellvertretend sollen erwähnt werden Genosse *Karl-Heinz Kalusche,* Mitglied der Bezirksleitung der SED und 1. Sekretär der Kreisleitung Wismar seit 1960, Träger des Vaterländischen Verdienstordens in Gold, der Genosse *Herbert Fiegert,* Ehrenbürger unserer Stadt, Oberbürgermeister der Stadt Wismar von 1957 bis 1969, und der Genosse *Günter Lunow,* Oberbürgermeister der Stadt Wismar seit 1969.

Die Sicherung des Friedens und das gemeinsame Handeln aller gesellschaftlichen Kräfte zum Wohl der Stadt und ihrer Bürger sind das Unterpfand für ein weiteres Aufblühen unserer traditionsreichen und schönen Stadt in den nächsten Jahren und Jahrzehnten.

Obwohl nicht alle Faktoren, die ihre Entwicklung beeinflussen, mit Sicherheit vorausbestimmt werden können, läßt sich die Gewißheit aussprechen, daß die Stadt Wismar eine klare und günstige Perspektive besitzt. Diese Überzeugung beziehen wir aus der Zukunftsgewißheit unseres Arbeiter-und-Bauern-Staates, dem Förderung und Erweiterung Wismars von den ersten Monaten seiner Existenz an sehr am Herzen gelegen haben. Sie gründet sich nicht zuletzt auf unser Wissen, daß die Deutsche Demokratische Republik, im unzerstörbaren Bündnis mit der Sowjetunion und den anderen Bruderländern als stabiler Faktor des Sozialismus und des Friedens weiter erstarken wird.

. . .

Der Chronik der 750jährigen Geschichte Wismars werden die Bürger dieser Stadt in den folgenden Jahrzehnten viele neue, noch schönere Seiten hinzufügen, weil die gesellschaftlichen Verhältnisse dies ermöglichen und erfordern.

Rede von Superintendent Christoph Pentz in Wismar am 8. Dezember 1989

»Liebe Wismarer in Stadt und Land!

Es ist etwas in Gang gekommen! In Gang gekommen durch eure Hartnäckigkeit. Wir sind in eine weitere Phase unserer Revolution eingetreten. Es tut sich was. Es liegt jetzt aber auch eine große Verantwortung auf uns, denn die Lage ist ernst. Vorgestern haben wir am Runden Tisch zusammengesessen. Alle waren gleichberechtigt. Auch das Neue Forum, die SDP und die Initiative 89. Wir haben erste Schritte getan. Die Zeitung hat ja davon berichtet. Wir werden weitermachen. Schritt um Schritt. Unaufhörlich. Hartnäckigkeit und Besonnenheit sind gefordert. Darum danke ich euch, daß ihr wieder da seid.

Ich bin stolz, daß unsere Revolution friedlich war. Das hat es bisher noch nicht gegeben in der deutschen Geschichte. Das ist etwas ganz Großes! Es kommt alles darauf an, daß wir dies, diese Friedlichkeit und Besonnenheit und Hartnäckigkeit, uns bewahren. Eine kaputte Fensterscheibe jetzt ist eine Scheibe zuviel. Wir schaden uns selber. Es ist die Macht der Gewaltlosen, die uns vorangebracht hat. Wir haben in der Kirche ein Wort: Selig sind die, die gewaltlos vorgehen und gewaltlos leben, denn diese Erde wird ihnen gehören. Diese Revolution hat bisher gezeigt, daß das wahr ist. Selig sind die Sanftmütigen, das sind die Behutsamen, die mit ihrem Zorn, ihrer auch so berechtigten Wut im Bauch, umgehen lernen, ohne sich persönlich zu rächen. Niemand errichtet mit Gewalt ein Reich der Menschlichkeit, nicht einmal der Freiheit. Machen wir es nicht denen nach, die uns mit Gewalt kamen. Ich denke, das, was jetzt unter uns wächst, ist etwas Neues. Es sollte eine neue Qualität haben. Lassen wir es wachsen. Bleibt hartnäckig und besonnen. Das allein hat Zukunft. Ich danke euch.«

Auf der Montagsdemonstration am 13. 11. 1989, vier Tage nach dem Fall der Mauer, hatte Pentz fast 50 000 Bürgern der Stadt Wismar vom Balkon des Rathauses herab den 126. Psalm gelesen:

Der Herr erlöst seine Gefangenen
Ein Wallfahrtslied. Wenn der HERR die Gefangenen Zions erlösen wird, so werden wir sein wie die Träumenden. Dann wird unser Mund voll Lachens und unsere Zunge voll Rühmens sein. Dann wird man sagen unter den Heiden: Der HERR hat Großes an ihnen getan!

Der HERR hat Großes an uns getan: des sind wir fröhlich.

HERR, bringe zurück unsre Gefangenen, wie du die Bäche wiederbringst im Südland. Die mit Tränen säen, werden mit Freuden ernten. Sie gehen hin und weinen und streuen ihren Samen und kommen mit Freuden und bringen ihre Garben.

Rosemarie Wilcken

Ein Aschenputtel wird Prinzessin
Eine Rede

»Meine sehr geehrten Damen und Herren,

ich freue mich, daß die Idee zur Präsentation der Hansestadt Wismar in Augsburg tatsächlich Wirklichkeit geworden ist, und bedanke mich bei den Gastgebern der IHK Augsburg und der Deutschen Bank. Verfolgt man die Medien in den letzten Wochen, in denen nur von Rezession und wirtschaftlichem Niedergang die Rede ist, so könnte man meinen, wir hätten mit der Aussage ›eine Stadt blüht auf‹ das Thema verfehlt.

Gelegentlich wird sogar der Eindruck erweckt, als habe die deutsche Einheit die Wirtschaftskrise und die Verunsicherung in der Politik verursacht. Ohne weiter darauf einzugehen, kann man aus Sicht der Stadt Wismar sagen, daß die Chance, aber auch die Herausforderung für uns noch nie so groß war wie seit der Wiedervereinigung, denn wir haben schließlich 40 Jahre in der immerwährenden Wirtschaftskrise des Sozialismus gelebt. Bei allen Schwierigkeiten, die wir als einzelne Bürger und auch die Städte in der Zeit des Umbruchs erlebt haben und erleben, möchten wir Ihnen etwas von dem Optimismus und Pioniergeist des Aufbaus Ost vermitteln.

Ich hoffe, es gelingt. Wir sind nach Augsburg gekommen, weil uns diese Stadt als geistiges, kulturelles und wirtschaftliches Zentrum imponiert und weil wir uns, wenn auch als sehr viel kleinere, dennoch als kommunale Schwester empfinden. Darüber hinaus möchten wir uns umsehen in Deutschland, welche Erfahrungen für unsere Stadtentwicklung nützlich sein könnten. Unsere große hanseatische Vergangenheit war Jahrzehnte verschüttet, unser Standort als zweitgrößte Industriestadt in Mecklenburg wegen der Grenznähe vernachlässigt. Wir haben uns jetzt an unsere Kraft erinnert. In unglaublicher Geschwindigkeit werden die Grundlagen für eine westliche Infrastruktur geschaffen. Infrastruktur umfaßt unter den Bedingungen der gesamtgesellschaftlichen Veränderungen auch den Neuaufbau der Verwaltung, nicht nur Hafen, Straßen, Schiene, Versorgungs- und Entsorgungssysteme, sondern Wirtschaftsförderung und Schaffung sozialer Strukturen.

Als Chefin der Verwaltung bin ich stolz auf die Leistungen der Kommune. Die Verwaltung in Wismar unterscheidet sich kaum mehr von der vergleichbarer westlicher Städte. Wirtschaftlichkeit, sparsamste Personalpolitik und Fortbildung haben seit 1990 stets zu ausgeglichenen Haushalten und selbst erwirtschafteten Investitionsmitteln geführt. Sie sowie Bundes- und Landesmittel geben einen kräftigen Investitionsschub in die Stadt hinein. Der Aufschwung ist unübersehbar. Wichtig ist jetzt, daß die Rezession nicht in die neuen Bundesländer durchschlägt. Bisher konnte der Aufbau Ost durch Mitteltransfer unvermindert fortgeführt werden.

Viele Wünsche bleiben zwar noch offen, so für Wismar insbesondere die überregionale Verkehrsanbindungen landseitig. Erhebliche Schwierigkeiten bereiten immer noch die Regelung der Eigentumsverhältnisse und die Wohnungsnot, dafür neigen sich aber die Probleme mit der Treuhand dem Ende zu, weil fast alle Betriebe Wismars erfolgreich privatisiert sind. Thema Nr. 1 ist und bleibt die Industrie- und Gewerbeansiedlung, denn die Mittelstandsentwicklung als tragende Säule muß mit kommunaler und staatlicher Hilfe vorangebracht werden. Die hohe Anzahl unserer Kleinbetriebe und das der Hochschule angeschlossene TGZ könnte dabei den Grundstock für die Mittelstandsentwicklung bilden. Erschlossene Ansiedlungsflächen sind ausreichend vorhanden.

Weil Demokratie in Ostdeutschland nur unter Mitwirkung aller Demokraten auf Dauer durchsetzbar ist, sollte man auf politisches Gezänk zwischen demokratischen Parteien auf kommunaler Ebene verzichten. Deshalb bin ich dem hier anwesenden Herrn Stadtpräsidenten von Wismar dankbar, daß er und die Bürgerschaft meine schwere Aufgabe bisher so wirkungsvoll unterstützen.

Ich darf Sie, als IHK und Stadt Augsburg, zu einer Präsentation nach Wismar einladen. Ich darf Sie einladen als Wirtschaft und Investoren. Ich darf Sie einladen als Augsburger Bürger und Touristen in eine alte Hansestadt, die gerade dabei ist, aus einem Aschenputtel eine Prinzessin zu werden.«

(Rede der Wismarer Bürgermeisterin im März 1993 vor der Industrie- und Handelskammer in Augsburg)

LITERARISCHES

Thomas Nugent

NOCH IMMER EINE FEINE STADT
Reisebriefe

Wismar, den 9. September 1766.

Den 5. dieses verließ ich Lübeck. Da mir die Poststation von Hamburg so wohl bekommen war, so resolvierte ich, mich eben dieses Fuhrwerks auch nach Wismar zu bedienen, das 7 Meilen von Lübeck ist.

...

Die Straßen in Wismar sind ziemlich regulär; die Gebäude bestehen fast durchgängig aus Giebelhäusern, die ganz gut gebaut, aber nicht hoch sind. Nur dünkt mich, ist es eine garstige Unbequemlichkeit, daß die Dachrinnen das Regenwasser recht mitten auf die Straße hingießen! Übrigens ist der hiesige Handel so unbedeutend und die Stadt so wenig bevölkert, daß mitten auf dem großen Marktplatze Gras wächst. - Eine sonderbare Eitelkeit habe ich hier bemerkt, die aber doch in ganz Mecklenburg Mode ist, nämlich, daß die Herren nie ausgehen, ohne einen Bedienten hinter sich zu haben. Eine andere Gewohnheit kommt mir ebenfalls sehr einzigartig vor, daß sowohl Leute vom Stande als auch der gemeine Mann gestiefelt in der Stadt herumgehen: dies mag in Schnee und Regen ganz bequem sein, doch denk' ich, muß es bei warmem Wetter sehr belästigen. An den Damen habe ich eben nichts Sonderliches bemerkt als ihre Trauer; diese ist tief genug, denn der ganze Vorderkopf ist mit schwarzem Flor bedeckt, und wenn sie ausgehen, so tragen sie einen großen schwarzen Schleier, der ihr Gesicht verhüllt.

Das Rathaus ist groß und fällt von außen recht gut ins Auge, aber inwendig ist überall nichts Sehenswertes; der Markt, wo es steht, ist geräumig und sehr gut bebaut. Diesem Rathause gegenüber steht eine Wasserkunst mit einer langen Inschrift. – In Wismar sind 3 Hauptkirchen, nämlich die Marien-, Nikolai- und Georgenkirche. Die Marienkirche ist ein feines gotisches Gebäude und hat einen sehr hohen Turm, von dessen Spitze man eine vortreffliche Aussicht nach der umliegenden Gegend und auch nach der Ostsee hin hat. Ich war so neugierig, bis oben in die Spitze des Turms hineinzusteigen, aber dies kam mich ziemlich teuer zu stehen, denn die Leitern standen so perpendikulär, daß ich mich diese Stunde noch nicht von dem mühseligen Klettern erholen kann. Die Aussicht von hier war wirklich äußerst bezaubernd; aber nun war das Hinuntersteigen noch zehnmal mühseliger als das Hinaufsteigen, und hätte ich mir nicht von einem unserer Begleiter herunterhelfen lassen, so wäre ich gewiß bei jedem Tritt in Gefahr gewesen, Hals und Bein zu brechen. – Inwendig ist die Kirche nach lutherischer Art mit einer Menge von Gemälden und Monumenten ausgeziert; besonders das Gewölbe ist sehr kunstreich.

Die beiden anderen Kirchen sind ebenfalls gotischer Bauart, doch werden beide eben nicht sehr reinlich gehalten; am anstößigsten war's mir, daß die Pfeiler nicht einmal überweißt, sondern die puren Mauersteine zu sehen waren.

Von den Kirchen ging ich aufs Schloß, das im Anfang

des 16. Jahrhunderts von den beiden Brüdern Johann Albrecht und Adolf Friedrich, Herzögen zu Mecklenburg, erbaut worden ist. Jetzt ist es meistenteils verfallen, und das, was noch steht, ist auch nicht in bester Ordnung. Nun haben die Schweden hier ein Landeskollegium für ihre deutschen Provinzen errichtet, welches den Titel eines Oberappellationsgerichts führt. Auch ist hier ein Konsistorium, ingleichen ein öffentliches Gymnasium.

...

Am Wismarschen Strande ist es überaus angenehm, und da die See hier keine Ebbe und Flut hat, so ist das Wasser immer von gleicher Tiefe. Auf der Reede waren nur hin und wieder ein paar Boote, und im Hafen selbst mochten in allem nicht viel über 2 Schiffe sein. Kurz, hier ist eine gänzliche Stockung im Handel, obgleich dieser Hafen einer der besten und sichersten an der Ostsee ist. Ich sehe auch nicht ein, daß dieser Ort den Schweden jetzt so wichtig sein sollte, da die Festungswerke gänzlich geschleift sind und sie von ihren deutschen Provinzen nur noch ein Stück von Pommern haben. So dünkt es mich, sie könnten Wismar wohl entbehren, da Stralsund allein vollkommen hinreichend ist, ihre Verbindung mit Deutschland zu sichern. Man hat mir gesagt, daß der Herzog von Mecklenburg-Schwerin diese Stadt von der Krone Schwedens gegen ein Äquivalent zurückverlangt hat. Diese Erwerbung wäre vortrefflich, weil der Ort mitten in seinem eigenen Lande liegt.

Ricarda Huch

Aus dem Meere kommt diese Fabelstadt

Es wird Abend, und das Boot nähert sich der Küste. Graue Wolken haben sich gesammelt und die Inseln hinter mir verschlungen, in der Nacht wird es regnen; die Bootsleute halten inne, lassen das Wasser von den Rudern tropfen und blicken gedankenlos auf die Stadt, die aus dem Meere steigt. Seltsames Bild, wie hingemalt von den Fingern eines Träumenden an den Horizont. Die allzu hohen Türme, die aneinandergedrängten Dächer haben nichts Körperliches, und der kühle Hauch, der von der Erscheinung ausgeht, kündet Geisternähe an. Ist das Vineta, von der die Chroniken dunkel berichten? Hat die schaurige Stunde geschlagen, in der, einmal vielleicht in hundert Jahren, das Begrabene und Versunkene auftaucht? Ja, aus dem Meere kommt diese Fabelstadt, eingehüllt in die Feuchte der unerforschten Tiefe, die das Glutrot ihrer Steine dämpft. Kein Lärm dringt aus den Gassen oder vom Hafen her, wo es sonst in Seestädten so ausgelassen zugeht; diese Häuser scheinen von lautlosen Tränen überströmt zu sein. Ein altes Tor mit hochgerecktem Stufengiebel winkt zum Eintritt; darf man ihm trauen? Was geschieht dem Lebendig-Sterblichen, der den Zauberkreis betritt? Es scheint plötzlich, als sei das Tor ein garstiger Kobold mit äffender Fratze. Rieselt und rauscht es nicht dahinter? Vernahm ich nicht ein grelles, klirrendes Geschrei und dazwischen süße Akkorde, wie wenn Meerweiber sich vergnügten? Sie locken die Irdischen in die tote Stadt, und um Mitternacht müssen sie mit ihr hinunter, den gefräßigen Fischen zur Beute.

Erklärt sich die Schwermut, die über Wismar liegt, nur aus dem Verfall einer einst blühenden Stadt? Oder verbirgt sich ein Geheimnis ihrer Geschichte dahinter? Und wie kommt es, daß eine Stadt, die sich einmal so reich und mächtig darstellen konnte, so verkümmerte? Die Geschichte zeigt sie uns als von Anfang an im Besitz der mecklenburgischen Herren wendischen Ursprungs, die durch Kaiser Karl IV. in den erblichen Reichsfürstenstand erhoben wurden.

Die deutschen Ansiedler, namentlich Friesen und Westfalen, die den Ort bevölkerten und rasch zur Blüte brachten, suchten sich der Landesherren nach Möglichkeit zu erwehren. Während Herzog Heinrich der Pilger im Heiligen Lande verschollen war, zog der Rat von Wismar nicht nur eine Mauer um die Stadt, sondern auch eine zwischen der Stadt und der Burg, wo die Herren residierten, sie von der Stadt gleichsam ausschließend. Als nun Herzog Heinrich nach mehr als zwanzigjähriger Gefangenschaft aus dem Morgenlande heimkehrte, war er darüber sehr ungehalten, und es entspann sich ein Streit, der durch Lübecks Vermittlung in der Weise beigelegt wurde, daß Wismar dem Herzog seine Burg abkaufte, ihm aber eine andere zwischen den Kirchen Marien und Georgen baute. Die Stadt bedang sich aus, daß die Burg nie befestigt werde, und daß Verbrecher kein Asyl dort finden, noch Bürger der städtischen Gerichtsbarkeit entzogen werden dürften. An Stelle der neuen gotischen Burg errichtete Herzog Johann

Albrecht I. im Jahre 1555 zur Feier seiner Hochzeit einen Renaissance-Bau, den Fürstenhof. Der Herzog war ein Liebhaber der Baukunst und insbesondere der Renaissance; er bekümmerte sich eingehend um das neue Werk und ließ sogar ein Franziskanerkloster in Schwerin abtragen, um die Steine dazu zu benutzen. Den berühmten Leiter der größten Formziegelei in Lübeck, Statius von Düren, bewog er, seine Tätigkeit dem Schloßbau in Wismar zu widmen. Der Längsbau mit stattlichen Portalen, reich dekoriert mit Faunen, Girlanden, Fruchtkränzen, Cäsarenköpfen und einem den Trojanischen Krieg darstellenden Fries verrät mehr den deutschen Charakter der Erbauer als den des italienischen Musters. Durch neuere Wiederherstellung ist die Ursprünglichkeit des alten Baus mißverständlich ausgeglättet.

Gegen das Ende des 14. Jahrhunderts brachte Wismar wesentliche Regierungsrechte an sich, nämlich die Vogtei, das Gericht und die Münze; obwohl es sie nur pfandweise erwarb, hat es sie doch 500 Jahre, bis zum Ende des 19. Jahrhunderts, behalten. Ebenso glückte die Ausschaltung der Geistlichkeit. Der Bischof von Ratzeburg, zu dessen Diözese Wismar gehörte, mußte auf das Patronatsrecht der Schulen verzichten, das ein Herzog ihm schenkte, nachdem dessen Mutter es bereits dem Rat von Wismar abgetreten hatte. Ferner erhob der Rat zum Gesetz, daß weder ein Bischof, noch eine geistliche Bruderschaft, noch irgendein Geistlicher eine Wohnung in der Stadt kaufen oder sonst erwerben dürfe, und die Klöster, die damals schon Höfe in Wismar besaßen, mußten sich verpflichten, keinen Herrn, Ritter oder Verdächtigen zu beherbergen, und wenn sie verkauften, es nur an Bürger zu tun.

Im Jahre 1259 schlossen Lübeck, Rostock und Wismar das denkwürdige, gegen Seeräuber gerichtete Bündnis, das ein Ausgangspunkt der Hanse wurde. Innerhalb der Hanse gehörte Wismar zu den wendischen Städten, von denen es die schwächste war. Der Wohlstand der Bürger, der eine Zeitlang bedeutend war, beruhte auf der Schiffahrt, auf der Brauerei und der damit verbundenen Böttcherei, auf der Wollenweberei; auch Ackerbau wurde betrieben. Der Handel beschränkte sich hauptsächlich auf die Ausfuhr des Bieres und auf die Einfuhr von Heringen; soviel wie möglich blieben Erzeuger und Verbraucher in unmittelbarer Beziehung.

Der wirtschaftliche Niedergang um 1500 betraf alle Städte, Wismar aber besonders durchgreifend und unaufhaltsam. Die Brauerei, die, was die Häufigkeit des Brauens und den Verbrauch an Malz betraf, von der Obrigkeit abhing, wurde um die Mitte des 15. Jahrhunderts von 182 Bürgern betrieben, gegen Ende des 17. Jahrhunderts noch von 85, am Ende des 18. Jahrhunderts noch von acht Bürgern; jetzt ist sie ganz eingegangen. Ebenso ging die Wollenweberei zurück. Unter schwedischer Herrschaft litt Wismar sehr unter Kriegen, um endlich durch den Siebenjährigen Krieg völlig ausgesogen zu werden. Allmählich beginnt es wohl, seine Verarmung zu überwinden, aber nicht die Schwermut seiner Erscheinung.

Mehr als die Daten der Geschichte verraten uns Wismars Bauten über sein Schicksal. Gewaltig ragen die drei Hauptkirchen aus der Stadt empor, St. Marien und St. Georg in der Nähe des Marktes, St. Nikolaus am Hafen, dem Patron der Schiffer geweiht. Herausfordernd hingeworfen, wie um sich untereinander und alle Kirchen der

Nachbarorte zu übertrumpfen, deutet ihr Übermaß um so mehr auf unbeherrschten Übermut, als Wismars Reichtum und Stellung so stolzen Plänen nicht entsprach. Sie erwecken den Gedanken an sagenhafte Städte, deren Bewohner frevelmütig ihre Straßen mit Gold deckten, bis der Zorn Gottes sie schlug und in Berg oder Meer versenkte. Turm und Chor der Ratskirche St. Marien beherrschen den Markt, obwohl sie etwas abseits davon liegt. Umgeben von der malerischen Gruppe der Pfarrei und anderen alten Bauten, tritt der gotische Backsteinbau dem Näherkommenden überraschend entgegen. Seine Einfachheit bei allem Zierat farbiger Glanzziegel, Bänder und Fialen macht, daß die architektonische Idee packend und interessant, wie das Skelett eines riesigen Urgeschöpfes hervortritt. Vom Markt aus muten die auf den Chor gestützten Strebepfeiler an wie die Beine einer versteinerten Riesenspinne. Wohltuend ist die sanftglühende Farbe des Backsteins im Innern, das dadurch, trotz der großen Verhältnisse, nicht kalt und leer wirkt. Der Umstand, daß, wie in allen Kirchen nordischer Seestädte, der Boden mit Grabplatten bedeckt ist, läßt uns ihre Bedeutung für die damaligen Menschen nachfühlen. Die Namen der Geschlechter, unter denen oft das Bild eines Schiffes eingegraben ist, haben für uns einen fernher rauschenden, seltsamen Klang; damals, so klein wie jene Städte waren, riefen sie Wohlbekannte: Brüder, Freunde, Feinde, Nachbarn ins Gedächtnis. Die Kirche war der Friedhof, die Stätte der ewigen Ruhe und der dereinstigen Auferstehung; an das Mysterium des unentrinnbaren Todes knüpfte sich die frohe Botschaft des unsterblichen Gottes und seiner Himmel voll ewigen Lebens. Sie war das Haus Gottes und das Haus aller, eines jeden Bürgers zweites Haus neben dem vergänglichen, das er nur flüchtig besaß, das, wo er bis zum Jüngsten Tage ruhen würde. Grabsteine und Epitaphien erfüllen die weite Halle, besonders die Zeit des Barock weiß eine Fülle von Symbolen, Engel, Posaunen, Lanzen, Trommeln, Blumen und Früchte, zu prächtig dekorativen Werken der Kleinkunst zu verschlingen. Zwei bedeutende Grabmäler aus verschiedenen Jahrhunderten bewahrt die Marienkirche: die Bronzefigur der Herzogin Sophie, die an Werke des Vischer erinnert, und die in Holz geschnittenen und bemalten Figuren an dem des schwedischen Generals Wrangel und seiner Frau. Durch ein überreich verziertes, reizendes Barockportal, das die Grabkapelle abschließt, sieht man die auf hohem Unterbau zunächstliegende Gestalt des Mannes und sein Gesicht im Profil, scharfgeschnittene, imponierende Züge. Das Ganze übt die eigenartige Wirkung aus, die die zugleich naturalistische und stilisierte Kunst des Barock hervorbringt.

Die Georgskirche liegt der Marienkirche überraschend nah. Bei einer Erweiterung der Stadt nach Westen wurde das Hospital für die Aussätzigen, das in Wismar, wie in jeder mittelalterlichen Stadt, vor den Toren lag, in das Gebiet innerhalb der Mauern einbezogen und mußte weiter hinaus verlegt werden. Das alte wurde abgebrochen, und da man die geweihte Stelle nicht zu weltlichen Zwecken gebrauchen mochte, errichtete man darauf die Kirche für die neue Stadt. Die Leprosenhäuser waren fast immer dem heiligen Georg geweiht; so wählte man ihn auch zum Patron der neuen Kirche. Die, welche wir jetzt sehen, stammt aus dem 15. Jahrhundert; von der um hundert Jahre früher erbauten ist der Chor stehengeblieben, da die Mittel, das in ungeheuren Maßen angelegte Gebäude zu vollenden, der verarmenden Stadt ausgingen. Anstatt des Turmes, auf den ebenfalls verzichtet werden mußte, sitzt auf monumentalem Unterbau ein mit scharfer Kappe gedecktes Geschoß, das sich nur wenig über die Höhe des Daches erhebt. Der verhältnismäßig kleine Chor und das Fehlen des Turmes lassen den Rumpf des Kolosses desto gewaltiger hervortreten. Das Kircheninnere ist besonders schön bewegt und die Ausstattung reich. Die Wände weisen zum Teil Malerei auf: die beiden Titularheiligen St. Georg und St. Martin auf weißen Pferden, der eine den Drachen tötend, der andere seinen Mantel mit dem Bettler teilend. Über einem reichgeschnitzten Altar mit der Krönung Mariens schwebt hoch oben das von goldenen Flammen umzüngelte Triumphkreuz. An den Figuren begegnen einem oft Augen mit wunderlich kaltem, blankem Blick, wie die seelenlosen Meerwesen ihn haben mögen.

Die Nikolaikirche war bestimmt, die Marienkirche zugleich zu wiederholen und zu übertreffen. Ein Sturm im Jahre 1703 riß die hohe kupfergedeckte Spitze des Turmes ab, die im Sturz das Dach des Mittelschiffes zerschlug und Triumphkreuz, Lettner, Orgel und Chorgestühl zertrümmerte. Da keine Mittel vorhanden waren, das Zerstörte gleichwertig zu ersetzen, blieb das Innere seines edlen Schmuckes beraubt.

Sehr stimmungsvoll, mit niedriger bemalter Balkendecke ist der Saalbau der Hospitalkirche an der Lübischen Straße. Zwei Ordenskirchen, die der Franziskaner und die der Dominikaner, sind am Anfang und am Ende des 19. Jahrhunderts abgebrochen. Von den Backsteingiebeln der gotischen Zeit, wie sie auf alten Stadtbildern

Wismars sich einer an den andern reihen, sind nur wenige übriggeblieben, breiter, schmuckfroher als die sachlich-kühlen Lübecks. Ein Kleinod, wie es wenige Städte aufweisen können, ist die Alte Schule, ein freistehender Langbau mit Giebeln an den Schmalseiten, der im Zierat bunter glasierter Backsteine prangt. Bewundernd sucht man sich vorzustellen, wie eine Stadt ausgesehen haben mag, in der alle Gebäude soviel anmutiger Pracht und solcher Monumentalität entsprachen.

Die beiden Punkte, wo man Wismar am besten in sich aufnimmt, sind der Hafen und der Markt. Wenn der Schleier der Dämmerung darüberfällt und das Grün des Kupferdachs der reizenden Wasserkunst kaum noch durch die silberne Luft schimmert, wenn der feste, kantige Turm der Marienkirche zum flachen Schatten wird, empfindet man die Öde des Platzes mit Grauen und glaubt ein Traumgesicht zu sehen, das in die Nacht zerfließen wird.

Sella Hasse

Nacht um die Dome

Die Dominante »Backsteingotik« gibt noch immer, wie vor vielen Jahrhunderten, der Stadt Charakter und Würde. Ein unermeßliches, nicht mehr errechenbares Viel von Ziegelsteinen ist hier in wundervoller Gesetzmäßigkeit gehäuft und gestapelt zu drei gotischen Hochkirchen, die gegenüber dem bescheidenen Kleinhausgewirr etwas Überwältigendes bieten. Tagtäglich, Jahr aus und ein, umwandert man mit Blicken diese Ziegelkolosse, tastet die Schönheiten ihrer glasierten Fialen, Wimperge, und ihre nordischderben Groteskfriese ab. Sieht sie von der Wasserseite ragen, sieht sie buntrotziegelfarbig die kleinen Häusergiebel an der Schulter fast erdrükken. Sieht den Pomp und die Pracht, das abwechselvolle Belebte der Ziegelflächen. Weiß, daß das alles dieser Scholle Erde abgerungen, dieser Lehmerde, und durch Tausende fleißiger Hände mit den einfachsten handwerklichen Mitteln zustande gebracht wurde. Weiß, daß es starknervige kühnschöpfende Baumeister vom Schlage unseres heutigen Hamburger Höger waren, die gerecht des christlichen Dogmas ihre Grundrisse aufzeichneten und den armseligen gebrannten Ziegel aller Erdenschwere entfernt zum Himmel empor wölbten.

Auch das Innere der Wismarschen Dome gleißt in aufgetünchtem Rot von Einzelziegeln. Nur überwindend vermag sich das Auge zur Gesamtpracht empor zu reißen. Tausendfältiges, vom Tageslicht zu sehr erfaßt, beunruhigt und man wünscht sich die Patina vieler Jahrhunderte darüber.

Erst die alles zur Größe umfassende Dämmerung, ja das barmherzige Dunkel der Nacht vermag erst letzte Größe und Weite dieser Kathedralen zu lösen. Nähert man sich am Abend von der Sargmacherstraße kommend St. Marien, so wird jedes Menschen Blick unwillkürlich hinaufgerissen zu den wie schützende Arme aufgestemmten Schwebebogen, die den kleinen Turm aufrechterhalten. Dahinter verschmilzt in die Silhouette der Dachreiter und endlich der Wipfel des Marienturmes mit seinem Halbrunddach des Glockenstuhles.

In die Höhlen seiner drei großen Glocken konnte man noch am späten Abend sehen. - Aus Freude über die 700-Jahr-Feier der Stadt hatte man den Koloß an drei Abenden durch Scheinwerfer beleuchtet. Ein neues seltsames Bild, wie er, der Altbekannte, Vertraute plötzlich in einer nie zuvor gekannten Pracht von all überall aus dem Dunkel der Nacht herausblickte. Und hinter ihm stand im grünlichen Silberglanz lächelnd der Vollmond mit seinem zufriedensten Gesicht.

Das Fest ist verklungen. Um die Dome glitzern nur noch die Sterne. - Oder die schwärzlichen Wolken mit schweflichfahler Umsäumung erjagen und zerschlagen sich hinter den Wahrzeichen einer alten Zeit. Immer rarer und kostbarer werden die lindenduftgetragenen Spätsommerabende.

Umschreitet man zu später Stunde St. Marien, so raschelt und säuselt es gespenstisch. Ist es das Laub? Manchen Abend pfeifen schon frostige Winde um die Streben, verfangen sich in den Nischen von tiefster

Schwärze. – Es rauschen wie Meeresbrausen die Bäume.

Bei dem Archidiakonatshause zuckt die einzige Laterne an der Ecke eines Strebepfeilers. Gespenstisch und dürftig erhellt sie ein Stück Pfeiler und Wand, liebkost zernarbtes Gestein.

Überall ist Enge, der Blick kann sich nicht weiten, es sei denn, daß man immer wieder hinauf, an den Strebebogen und Wimpergen vorbei und weiter hinauf bis zum Helm des massigen Turmes in die Unendlichkeit des Himmels emporblickt.

Stehen in Tageshelle die Gottesburgen wie Triumphfesten noch immer stolz, wenn auch verstaubt und gerunt da, wie: »Das haben wir Menschen fertig gebracht!«, so hat die Nacht, die alles Kleine von sich streift, die alle Massen kubisch vereint und in Spitzen und Pfeilen zum dunklen Äther emporreckt, nur den einen Dienst: Empor zu streben. – Manchmal ist der Eindruck so, als ringen steingewordene Gigantenarme mit verkrampften Fingern sich in die Unendlichkeit: »Wir sind nichts und unser Tun ist nichts im All.« – Einer Inbrunst der Mystik, einer hinreißende Religiosität haben die alten Architekten durch Steinanordnungen Ausdruck zu verleihen gewußt, die intensiv, der Ausdruck ihrer Zeit war.

Der Weg von dem Archidiakonatshause an den alten Gehöften der Pastorate bis zum Schmuckkasten einer gotischen Schulmeisterei ist eng und wie verbaut. Unheimlich steht noch vollends die Sühnekapelle Maria zur Weiden am Fuße des gewaltigen, nach unten weit ausladenden Marien-Turmes. Wie eine hingesunkene Büßerin vor der Macht und Gewalt der Kirche.

Noch immer lebt die Zeit in dieser seltsamen Küstenstadt von der Gotik. Sie herrscht noch heute um den Kirchhof von St. Marien. – Und nur wenige Schritte, vorbei an der fast unwahrscheinlichen Renaissancefassade Italiens mit niederländischem Groteskübermut und unser Auge ist schon wieder hinaufgerichtet und verfangen in dem Bekrönungswerk der Sakristei von St. Georgen. Der rauhe Küstensturm fegt in das zarte Glasurgitterwerk der Türmchen, die wie ein Wunder, allen Stürmen von etwa sechs Jahrhunderten standgehalten haben. Nur wenige Schritte und schwacher Lichtschein vergoldet von innen die hohen Domfenster. In Spitzbogenlinien leuchtet und wölbt es sich im Raum und tastet um Pfeiler des Mittelschiffes. Das Pianissimo eines Orgelsolos dringt zart in das nächtliche Windgetön. – Das Licht wird kleiner und feiner. Endlich ist es schwarze Nacht auch in St. Jürgen. Nur außen, am Eckpfosten eines Strebepfeilers, leuchtet dieselbe liebe, alte Gaslaterne, am schmiedeeisernen Dreieckarm, wie bei St. Marien.

Hier und da winkt aus kleinen Fenstern ein gelbes oder ein rotes warmes Licht. Es ist Adventszeit.

Alfred Kerr

FAHLSTARRES BUCHTNEST

Wismar

Andre Düsternisse birgt Schweden-Mecklenburgs erstummtes, schwindsames, fahlstarres Buchtnest. Irgend so ein Diakonatshaus vergibt man mit seiner finstren, fast schwarzen Dreifensterfront nicht – und alles sieht immer aus, als ob unsichtbares Schneegestöber spärlich herumirrte. Man friert.

Ernst Barlach

DAS MÄCHTIGE GEHÄUSE

Ja, es behagt mir, wie das verlassene, mächtige Gehäuse sich absetzt gegen den kahl ansteigenden, gänzlich ungepflegten Platz. Und immer waren, mit dem gewohnten Sturme, auch die lärmenden Dohlen um den alten Bau zu Hause. Das letzte Mal war ich mit Däubler da, mitten in der Nacht, nachdem wir im Ratskeller, bei gutem Wein und ebensolchen Reden, nach Kräften eingeheizt. Er warf sich vor dem Turme auf den Bauch, und nur mit List war es mir möglich, ihn in seiner langen Suade zu unterbrechen und wieder auf den Weg zu bringen.

Theodor Heuss

AHNUNG ALTER GRÖSSE

Über Wismar aber hängt die Ahnung alter Größe. Manche seiner Straßen sind gleichgültig geworden, können irgendwohin führen; manche haben in schlanker Krümmung und hübscher Giebelfolge ihren bestimmten Charakter; der Hafen ist ziemlich leer, nur ein größeres Seeschiff liegt da, sonst eine Flottille von Fischerbooten mit dem lustigen Gewirr von Mast und Rahe, Segeltuch und Netzen. Der Schritt aber kehrt in der nebligen Frühe, in der durchsichtigen Mittagshelle, in der finsteren Nacht immer zu dem Nachbarpaar der großen Dome zurück, die an den Hügel gelehnt, eine wunderbare Silhouette vor dem Himmel emporrecken. Der Turm der Marienkirche, quadratisch in hohen Geschossen bis zu achtzig Metern aus der Westwand aufwachsend, hat eine eindrückende Wucht; bis zum Glockenstuhl kann man hinaufsteigen, dann liegt, wie aus der Schachtel genommen, die Stadt der kleinen Höfe vor den Augen, während im Norden blinkend und weit das Meer sich dehnt. Landein wechselt Waldstück, Wiese, Wasser, Gehöft. Die Kirchen dieser Stadt, von Verputz innen gereinigt, geben eine gute Vorstellung dessen, was die Ziegelgotik in ihrem höchsten Wollen der Materialbefreiung geleistet hat; der Innenraum von St. Nikolai hat in seiner steilen Geschlossenheit nicht seinesgleichen. Während im Außenbau die Einfügung der Strebebögen bei vielen dieser mächtigen Kirchen, die ihre basilikale Grundanlage durch die Ausweitung von Seiten- und Querschiffen fast sprengen, keine völlige Lösung fand, gewaltsam wirkt, ist im Innern das Vollendetste erreicht. Die Profile der Säulen mit Kanten und Diensten sind teilweise, wie etwa in Schwerin, geradezu erfinderisch durchgebildet – der Ziegel will in nichts dem Sandstein zurückbleiben. Und nun, inmitten dieser gotischen Welt Wismars, die auch köstliche Profanbauten mit wechselnder Tönung des gebrannten und glasierten Steines hat wie die »Alte Schule«, ein Stück Italien, nach Norden verschlagen, Humanismus, der von Florenz und Brunellesco weiß. Merkwürdig und doch etwas fremd steht der »Fürstenhof« in der Welt; interessant genug durch die Bänder von Terrakottafriesen, in denen südliche Anregungen mit heimischem Material verbunden sind, aber so sehr dieser Bau auf beruhigende Klarheit drängt, wenn man ihn nicht als historisches Kuriosum betrachtet, hat er etwas vornehm Erkältendes zwischen dem gewachsenen Da-Sein und So-Sein der gotischen Dome.

Die flammende Helligkeit dieser Oktobertage hat alles Schwere weggebrannt. Es ist wundervoll, wie sich der rote Ziegel in der Abendsonne von seiner Masse befreit und zu einem Träger freudigen Lichtes sich wandelt. Während die Gassen in der Dämmerung zusammenrücken, lebt oben an Turm und Giebel der verlöschende Tag weiter, und es macht die Menschen froh, zu ihm hinaufzusehen.

Fritz Rudolf Fries

Eine Stadt für uns

Eine stille Klein-Stadt? Romantisch? Kein Lärm dringt aus Gassen und Häusern? Still ruht der Hafen? Gehen die Leute langsamer hier übern Markt? Ist Wismar, eine aus der Ferne, von Lübeck nämlich, gegründete Stadt, nur annähernd wie Rostock und Stralsund, weil noch immer im Entwurf? So als hätten die Baumeister der anderen Städte hier versuchen dürfen, Sandkastenspiele, und der vermögende Bauherr, der nur ein Ratsherr sein konnte, aus den Tagen der HANSE, die Hanse sieht den Feudalherren auf die Finger, schiebt mit dem Stock die Häuser hin und her und sagt etwa, Stell Hei de Kark miehr dorhen – in einer auf den ersten Blick an diesem Sonntagabend, da wir aus dem Bahnhof kommen, ausgedachten Stadtgeschichte. Hat es hier einen Seehafen? Er muß kleiner sein, weil den Rostocker Seehafen, den internationalen, jedes Kind kennt. Gibt es eine Werft? Wer denkt bei Werft nicht zuerst an Warnow und Warnemünde und fährt dann mit der »Fritz Heckert« in die Ferien und erfährt an Bord, wo das Schiff herkommt.

Wir sagen es gleich, es ist alles anders in Wismar, als man, etwa bei Ricarda Huch, nachlesen kann. Es ist alles anders geworden, seit Ende der vierziger, Anfang der fünfziger Jahre. Eine Werft, nach dem Antifaschisten Mathias Thesen benannt, die in die Ferne baut, auf Passagierbeförderung aus ist. Denn hier gehen all diese Fahrgastschiffe vom Stapel, mit denen man als Zivilist, nicht als Ware, befördert wird, die Wolga oder den Ob auf und ab und übers weitere Meer. Eine Werft baut eine Stadt um. Das muß erklärt werden.

...

Wir informieren uns, Marie und ich, in dieser stillen, weil verkehrsarmen Innenstadt (glückliche Idee der Stadtväter, den Fernverkehr weiter ab, über die neue Hochstraße zu leiten, daß die alten Giebelhäuser unerschüttert am Platz bleiben). Nach der Warnowwerft, der vielzitierten, beschriebenen, ist die Mathias-Thesen-Werft die größte im Land. Und das hat Folgen. Die Werft entwickelt auf ihre Weise die Stadt, denn die nach Wismar kommenden Facharbeiter finden für sich und ihre Familien eine zu kleine Stadt, die sie in kurzer Zeit größer machen. Wendorf, ein Stadtteil, eine Stadt zu Wismar, wird für 18 000 Bewohner gebaut. Soviel Menschen, sagen die Mitarbeiter der städtischen Statistik, wohnten um 1880 in ganz Wismar.

Und der Hafen? Nicht alles an einem Tag. Marie, die, als sie klein war, am liebsten einen Studenten zum Freund gehabt hätte, drängt zur Ingenieurschule für Schwermaschinenbau und Elektrotechnik, aber ich kann das verhindern mit Hinweisen auf die spannende Stadtgeschichte. Wenn du jetzt bei Adam und Eva anfängst ... (sagt Marie), dann gehe ich lieber. Die Hanse klammern wir aus, sage ich, über die wollten wir in Rostock nachdenken. Hier hatten sie schon 1259 eine Vor-Form ...

Die Stille der Stadt kommt aus uns selber, es ist die andere Gangart der Zeit, diese Schwester des Raums, in die wir geraten sind, wie wir den Zug verlassen und hoch und runter gehen über die Bahnhofstreppen, um in die abendliche Stadt zu gelangen. Marie sagt, daß eigentlich auch Sonntag sei. Vor dem Bahnhof ist Platz für zwei drei Taxiwagen. Wir steigen in den einzig vorhandenen und lassen uns, die Entfernungen nicht kennend, ein Stück im Halbkreis befördern. Wir steigen aus und merken, daß wir die Stadt schon wieder verlassen haben, weil die Kirchtürme, die eben noch vor uns lagen und uns eine Mitte der Stadt anzeigten, irgendwo hinter uns liegen, wie vom flachen Land gesehen. Wir gehen in Etwas, das wie ein sächsischer Schrebergarten aussieht, und essen in einer Gartenkantine. Linkerhand tragen wir unsere Taschen stadtwärts ins Hotel, das auch hier, wie in Stralsund, Bad Doberan oder Kühlungsborn, Mecklenburger Hof heißt. Feudales Signum?

Der Mecklenburger Hof empfängt seine Gäste mit Stille. Kein Reisefieber ballt sich zu Zigarettenwolken, keine schrillen Telefonate von Damen ohne Bett am strategischen Ort der Hotelverwaltung. Unser Eintreten geschieht wie mit leisem Gongschlag, der den Empfangschef weckt und sich erheben läßt, ein wenig krumm, die Hände am Pult, als gelänge ihm eine Verbeugung nicht mehr ohne Festhalten. Sein geduldiger Bleistift sucht unsere Namen auf der Liste, wir haben vorbestellt, Reisen ohne vorherbestellte Hotelübernachtung enden im Ostseebezirk unter freiem Himmel. Aber es hat hier alles seine Richtigkeit, sagt der Mann, der Bleistift findet die Namen, die Namen werden ausgesprochen, langsam, die Phoneme haben hier eine andere Dauer, die ihnen einen feierlichen Klang gibt. Jetzt haben wir das Gefühl, in der Fremde zu sein. Schweden bis 1803.

. . .

Am Morgen: alles ruhig. Der erste Blick durchs Fenster, ein Doppelfenster, von einer dickgewirkten Gardine verhangen. Unhörbar treten unten die Wismarer in Bäkker- und Fleischerläden, die die Zeichen ihres Handwerks in kunstvollen Stilisierungen über die Ladentür hängen. In welches Heimatstück sind wir geraten, das sich einer so genau gemalten und geschnittenen Kulisse bedient? Die Häuser auf der anderen Straßenseite, mit ihren stufenartig in den blauen Himmel ansteigenden Giebeln, Treppen, auf denen man um des Kontrastes willen auf der einen Seite Schornsteinfeger und auf der anderen mecklenburgische Engel mit dicken blonden Zöpfen sehen möchte, diese Häuser können unmöglich eine bewohnte Tiefe haben. Sie liegen so weit weg im Raum der Illusion wie das vom Parkett gesehene Bühnenbild. Wir öffnen die Fenster und beugen uns hinaus. Gustav Adolfs Kavallerie kommt auf schweren, erbeuteten Kaltblütern von links. Die Einwohner schließen ihre Türen, und die Händler ziehen ihre Vorräte in die Speicher. Die Städter stellen Wasservorräte auf in bauchigen Tongefäßen, denn die Sieger werden als erstes das Trinkwasser in ihre Quartiere ableiten. Die schwere Reiterei kommt näher, löst sich auf, die Luftdruckbremsen geben ihren letzten Seufzer her, und langsam, vor stehender Kulisse, rückt die Stadt um drei Jahrhunderte und ein wenig mehr vor. Schuljugend steigt in den Bus, der Fahrer bugsiert sein Vehikel in die Altstadt, als gehörten die Straßen ihm.

...

Noch stehen wir mit den Füßen nicht im Wasser, es ist Anfang Mai, die Ostsee ist nicht das Schwarze Meer oder das Karibische Meer oder die Biskaya, aber man kann den Geschmack dieser Meere erzeugen, weil sie alle mehr Salz enthalten als die Ostsee. Dafür liegt die Ostsee vor der Tür, sie schmeckt mild, manchmal wie Gin & Tonic, mit einem Tropfen Öl, Schmieröl.

Stets ist in Wismar ein Kraut gegen eine Krankheit gewachsen, und so gehen wir in die Löwenapotheke, als wir die Halsschmerzen mit Salzwasser nicht wegkriegen. Ein Löwe residiert im Halbbogen des Portals, die Fenster links und rechts, ein wenig vorgewölbt wie die Brüste einer Göttin, erlauben einen Blick in die Wunderkammern der inneren Gewölbe, ins Archiv einer Kräuter- und Salbenalchimie hinter den tabakschwarzen Kästen und Fächern mit den blanken, von Hieroglyphen überzogenen Emailleschildern.

...

Die Hafenstädte in Mecklenburg richteten ihren Bewohnern die ersten Apotheken im deutschen Land ein. 1280, so gibt die Chronik an, hatte Wismar seine erste Apotheke neben dem Rathaus. Güstrow und Schwerin sind erst im 16. Jahrhundert an der Reihe; denn die heilenden Rinden und Blüten, die die Seefahrer heimbrachten, kamen zuerst in die Häfen und verschwanden in den Speichern der Kräuterhändler, Pillendreher, Tinkturenkundigen. Was sie anboten, heilte sowohl bei Kopfschmerzen wie bei Melancholie, einer vornehmen Krankheit des späteren Mittelalters, und der mit fremden Gewürzen versetzte Alkohol war innen wie außen zu gebrauchen, zog die Winterkälte aus dem Leib oder heilte die Angst vor der Pest. Die Wismarer Apotheke, die heute mit soviel sachlicher Freundlichkeit ihre Kunden beliefert, war früher auch ein Ort alkoholisierter Lustbarkeit, so daß die Wismarsche Hochzeitsordnung von 1602 das gestörte Gleichgewicht wieder herstellen muß, indem fortan die Apotheken nur den medizinisch festgelegten Krankheiten zu dienen haben, und der Alkohol, der nicht zum Einreiben ist, kommt in die Schenken, und gebadet wird künftig im Badehaus. Das Baden in der See ist eine viel spätere Sitte.

Mit gestärkten Lungen verlassen wir die Löwenapotheke und gehen über den Markt hinüber zum Alten Schweden, einem ganz alten Haus in Wismar, das unten eine Kneipe hat, in der man sehen kann, was von fürstlicher Macht und Herrlichkeit übrigbleibt, nämlich Pistolen und Mützen und zur Verehrung bei Lebzeiten gedrechselte Köpfe, just der ganze Reklame- und Imponierplunder aus den Tagen alter Macht. Wo ist die Macht geblieben? Wie sah sie wirklich aus? Keine Frage, es kann nur gemütlich sein im Alten Schweden, der Kaffee ist heiß und schwach, der Korn gut. So also sah mal die Ostsee aus, sagt Marie und zeigt auf die Karten, auf denen die See noch OOSTZEE heißt. Wir kaufen Ansichtskarten und malen ein Kreuz auf den Stuhl auf der Postkarte, wo wir gesessen haben.

Ulrich Schacht

Wismar – Die Tochter Lübecks

Wie spricht man von einer Stadt, von der hierzulande kaum einer spricht, weil sie kaum einer kennt oder auch nur im Bewußtsein hat? Wie spricht man von einer Stadt, die, je westlicher man fährt, um so östlicher vermutet wird, und die dennoch nach wie vor mitten in Deutschland liegt? Wie spricht man von einer Stadt, die man liebt, weil man mehr als nur in ihr gewohnt, weil man in ihr gelebt hat? Fragen, die eine Not signalisieren. Aber nicht nur die natürliche beim Beginn des Schreibens über eine Stadt, sondern vor allem die unnatürliche, die sich dann einstellt, wenn es keinen Weg gibt, sich eben dieser Stadt auch physisch zu nähern: Seit über zehn Jahren ist Wismar ein unerreichbarer Ort für mich. Ich habe Hongkong, Peking und Jerusalem gesehen und ich könnte wohl jederzeit Spitzbergen, Japan oder Feuerland besuchen. Wismar jedoch, die nahe Tochter Lübecks, wie sie genannt wurde, und meine erste große Liebe, wenn's denn pathetisch sein darf – diese Stadt weiß in der Tat keinen Weg, den sie mir heimlich und offen nennen könnte, um zu ihr zu gelangen. Dabei liegt zwischen ihr und Hamburg, meinem heutigen Wohnort, lediglich jener berühmt-berüchtigte »Katzensprung«, der doch so oft nur ein Synonym für Unüberwindlichkeit ist – jedenfalls immer dann, wenn die Politik der Geographie glanz- und grenzvoll, also bewußt bis zum Exzeß in den Weg tritt.

Und so ist die Stadt mir zur Stunde nur Traum: ein endloses Leporello aus Bildern im Kopf. Erinnerungen, von denen ich hoffe, daß sie es nicht bleiben. Bleibende Vergangenheit, die Zukünftiges anzeigt: Was hinter uns liegt, wenn es prägend war, liegt immer noch vor uns! Hoffnungs-Bilder also. Weiterzugeben an jene, denen das Reisen von Deutschland nach Deutschland nicht nur eine Möglichkeit ist, sondern auch ein Muß!

Wer sich Wismar nähert, aus welcher Richtung des Himmels auch immer, erblickt zuerst und vor allem: Kirchen – Bauwerke, denen nicht einmal schwerste Zerstörungen die Mächtigkeit nehmen konnten, die sie seit Jahrhunderten verkörpern.

Vor fast sechzig Jahren hat Ricarda Huch den magischen Zauber dieser Stadt-Ansicht in unnachahmliche Worte gebracht: »Es wird Abend, und das Boot nähert sich der Küste. Graue Wolken haben sich gesammelt und die Inseln hinter mir verschlungen, in der Nacht wird es regnen: die Bootsleute halten inne, lassen das Wasser von den Rudern tropfen und blicken gedankenlos auf die Stadt, die aus dem Meer steigt. Seltsames Bild, wie hingemalt von den Fingern eines Träumenden an den Horizont. Die allzu hohen Türme, die aneinandergedrängten Dächer haben nichts Körperliches, und der kühle Hauch, der von der Erscheinung ausgeht, kündet Geisternähe an. Ist das Vineta, von der die Chroniken dunkel berichten? Hat die schaurige Stunde geschlagen, in der, einmal vielleicht in hundert Jahren, das Begrabene und Versunkene auftaucht? Ja, aus dem Meer kommt diese Fabelstadt, eingehüllt in die Feuchte der unerforschten Tiefe, die das Glutrot ihrer Steine dämpft. Kein Lärm dringt aus den Gassen oder vom Hafen her, wo es sonst in Seestädten so ausgelassen zugeht; diese Häuser scheinen von lautlosen Tränen überströmt zu sein. Ein altes Tor mit hochgerecktem Stufengiebel winkt zum Eintritt; darf man ihm trauen? Was geschieht dem Lebendig-Sterblichen, der den Zauberkreis betritt?«

Ricarda Huch konnte sich noch von der heilen Silhouette der Stadt in den Bann schlagen lassen, sie sah noch die atemberaubende Macht in drei unzerstörten gotischen Kathedralen.

Im dreizehnten Jahrhundert wurzelt die älteste. Von ihr, der Lübecker Marienkirche nachempfunden und gleichen Namens, steht heute nur noch der Turm. Dort, wo der Chor sonst vielstrebig emporwuchs, befindet sich jetzt ein Parkplatz. Ergebnis eines vernichtenden Zusammenspiels anglo-amerikanischer Luftminen in den letzten Kriegswochen des Jahres 1945 und der »Baupolitik« eines Staatswesens, dem die Wiederherstellung sakraler Kulturgüter fast nichts, die Vorbereitung und Errichtung von Grenzbefestigungen dagegen fast alles bedeutete. Der Chor eben dieser berühmten Kirche war weniger zerstört als der der entsprechenden in Lübeck. Im August 1960 jedoch, nach zahlreichen wie kompetenten Protesten, wurde er gesprengt. Wir Kinder spielten noch monatelang in den Schuttbergen Krieg. Sowjetische Soldatenkolonnen ließen später die Trümmerlandschaft verschwinden. Der Turm wirkt heute noch mächtiger.

Nur wenige Schritte weiter, vorbei am gut erhaltenen

Renaissancebau »Fürstenhof«, eine zweite Ruine. Ihr Name: St. Georgen-Kirche und jüngste der drei großen, die frühzeitig schon die Silhouette der Stadt bestimmten. Immer nur mit merkwürdigem Turmstumpf (der Gemeinde ging das Geld aus) über den Häusern prangend, wurde auch sie von Luftminen getroffen, nicht aber von den Sprengsätzen der neuen Administration und ihrer Kulturpolitik. Statt dessen wurde beschlossen und verbrieft, sie wiederzuerrichten. Doch bis heute blieb der Beschluß Papier, und alle praktischen Ansätze, die es in den letzten vierzig Jahren gegeben hat, erwiesen sich im nachhinein als blanke Scharlatanerie: der schwer getroffene, kostbare Bau stirbt unaufhaltsam vor sich hin: Regen und Stürme, von denen die Stadt reichlich hat, lassen Wandmalerei um Wandmalerei verschwinden, untergraben Mauern und Bögen, zerbrechen den Stein. Man könnte Wetten abschließen. Man sollte sich einen schwarzglasierten Backstein retten! Und während sie fällt, steht die Mauer durch Deutschland fester denn je!

Einziger Lichtblick: die dritte im Bilde. Sankt Nikolai hat alles, bis heute jedenfalls, überstanden. Ihr Kirchenschiff gehört zu den fünf höchsten in Deutschland. Ein Dom, der nie einen Bischof kannte. Teil des Wortes, das es dennoch gibt: Wismar – die Stadt der Dome!

Diese drei Bauten jedenfalls, selbst als Ruinen, sind Argument genug, der Stadt entgegenzufahren. Aber es gibt mehr. Weitaus mehr.

Man weiß, und die Quellen berichten es, die Hanse hat Wismar groß gemacht und zeitweilig zu einem mächtigen Gemeinwesen werden lassen. Und so finden sich denn auch in großer Zahl weitere Hinweise auf diese so ferne, versunkene Zeit: mittelalterliche Giebelreihen von großer Originalität im Detail, Straßengewirr im alten Stadtkern, Bauten der Gotik, der Renaissance, des Barock, Klassizistisches, ein uralter Hafen – und nicht zuletzt: mit 10 000 qm einer der größten Marktplätze Norddeutschlands. Was so dem Auge eindrucksvoll erhalten geblieben ist, wird unterstrichen von den Namen der Straßen, in denen diese Bauten stehen: Krämer-, Speicher-, Gerberstraße, Weber-, Grützmacher-, Böttcherstraße, Lübsche Straße, Hegede – sie und die Fülle der übrigen verweisen auf die Fülle des Lebens in jenen Zeiten, die nicht erst heute dahin sind. Die schon lange keiner mehr kennt. Alle diese Straßen, Gassen und Plätze habe ich am liebsten des Nachts durchquert. Dann erst, in der Dunkelheit und Stille eines verschwindenden Tags, fingen die alten Namen zu leuchten an, kam unter dem Routineschritt des Alltags Bedeutung hervor. In diesen Stunden, die immer sehr schnell zu einem Gang durch Kulissen wurden – unheimlich und heimisch zugleich –, füllten sich die Straßen mit dem exotischen Leben ihrer einstmals prosaischen Namen. Mit dem Leben aus Geschichte. Mit der ganzen Fülle einer Vergangenheit, die groß begann und dann, in endloser Tragik und Wirrnis, zur Provinz wurde. Es waren unverschuldete Kriege und Okkupationen, die die Stadt zur Bedeutungslosigkeit verdammt haben: »22 Generationen in Wismar erlebten zwölf Kriege, eine überdurchschnittliche europäische Zahl.«

Der Untergang der Hanse im Jahre 1629 und der Dreißigjährige Krieg haben der Zukunft der Stadt den Todesstoß versetzt. Wismar gehörte am Ende jenes Krieges zum Königreich Schweden: Ein Beutestück, das man nutzte. Der Brückenkopf auf dem europäischen Festland. 1680 avancierte er zur »größten Festung Europas«: »Entlang der 1276 gebauten Stadtmauer mit ihren fünf Toren«, von denen heute nur noch eins – das Wassertor – steht, »und 36 Wiekhäusern wurden Bastionen errichtet und über 700 Kanonen aufgestellt.« Der fatale Ruhm währte jedoch nur kurz und bescherte nichts weiter als neues Leid: 1716, im Nordischen Krieg, wurde Wismar den Dänen übergeben. Neue Kontributionen folgten. Die Armut der Stadt wurde größer und größer. 1718 schliff man die Mauern, Wälle und Fortifikationen: die »größte Festung Europas« war nicht mehr. Drei Jahre später kamen die Schweden zurück. Aber schon ein gutes Vierteljahrhundert danach brach ein weiterer Krieg in die Stadt: der Siebenjährige. Diesmal brandschatzten die Preußen. Und als er zu Ende ging, war Wismar finsterste Provinz. So sehr, daß der englische Reisende Thomas Nugent nach einem Besuch der Stadt im Jahre 1766 schreiben konnte: »... übrigens ist der hiesige Handel so unbedeutend und die Stadt so wenig bevölkert, daß mitten auf dem Marktplatz Gras wächst ...«

Erst im Jahre 1803 gab es wieder so etwas wie einen Hoffnungsschimmer: die schwedische Krone verpfändete Wismar für 1 250 000 Taler auf 100 Jahre an den Herzog von Mecklenburg. Doch die Hoffnung war erneut verfrüht: Napoleon schickte sich an, den Osten Europas zu erobern. Und mit ihm kam die Kontinentalsperre – das Aus für den möglichen Handel auch in Wismar, der mithin weiter am Boden lag. Erst 1903 kehrte Wismar endgültig nach Mecklenburg und damit in den deutschen Verband zurück: Opfer eines jahrhundertelangen geo-politischen Verwirrspiels, dessen vielfältige Zeugen noch heute die Stadt charakterisieren.

Eines der markantesten Bauwerke erinnert denn auch namentlich an jene, mittlerweile fast sagenhafte Zeit: der »Alte Schwede« – Wismars ältestes Bürgerhaus. Ein gotischer Backsteinbau aus dem 14. Jahrhundert, an der Ostseite des Marktes gelegen, der eine äußerst geschichtsträchtige Schenke in seinen Mauern weiß: sämtliche Wände sowie die Decke zieren Schiffsmodelle, Waffen, Harnische, Kupferstiche, Urkunden, Landkarten, präparierte Seetiere, und nicht zuletzt sieht man hier die sogenannten »Schwedenköpfe« – farbenfrohe Zeichen der ehemaligen schwedischen Souveränität, die die Grenze in den Wassern der Wismarschen Bucht markierten. Vier Pfeiler gliedern die Giebelfront des Gebäudes, zwischen ihnen Wimperge um Blenden, Fenster oder Lichtöffnungen – Backsteingotik: braunrotes Ziegelmeer und hin und wieder schwarze und dunkelgrüne Glasuren, sparsamer Glanz.

Überhaupt: der Marktplatz. Von seiner Größe, die den Gedanken der Weite und Großzügigkeit einer hansischen Stadtgründung Gestalt annehmen läßt, war schon die Rede. Aber die Bauten, die seine Ränder säumen, vervollkommnen die Größe auch zu einer qualitativen. Vor allem sei das klassizistische Rathaus genannt: ein langgestrecktes Gebäude mit vorspringenden Seitenflügeln, dessen Wandflächen von Friesen und Rosetten unterbrochen sind. Es sind die einfachen Linien, die hier den Wert ausdrücken. Südöstlich von diesem Rathaus erhebt sich, wie Historiker und Begeisterte es nennen, eines der »Schmuckstücke« der Stadt: die Wasserkunst. Kein bloßer Brunnen, wie in vielen alten deutschen Städten, sondern ein geschlossener Sandsteinbau, dessen Innenraum ein durchbrochenes Gitter abschließt. Begonnen um 1580 von dem holländischen Baumeister Philipp Brandin aus Utrecht, ist das so praxisbezogene Unternehmen von einst heute »nur« noch bestauntes Kunstwerk, das – inzwischen rundum restauriert – sogar in der Nacht bewundert werden kann: Scheinwerfer sorgen dafür.

Unweit dieser nicht nur ortsbekannten »Schönheit« erinnert eine Steinplatte im Marktplatz an Gegenteiliges: Blut ist dort geflossen, wo sie heute liegt: 1427 ließen hier ein Bürgermeister und sein Ratsherr ihr Leben. Politikerpech. So weit zurück nun auch wieder nicht.

Ich weiß nicht, wie viele Wismaraner von heute diesen Stein noch kennen, der da im Staub der Straße Zeiten überdauert hat. Ich habe frühzeitig von ihm erfahren, ihn gesucht – und gefunden, und ich mußte mir nicht im Museum alte Gemälde anschauen, um zu sehen, was damals an dieser Stelle geschah. Was nicht im Widerspruch zu der Tatsache steht, daß ich ungefähr seit meinem 12. Lebensjahr ein ständiger Gast des einzigen Museums war, das Wismar hat: des »Heimatmuseums« – eingerichtet in einem Bürgerwohnhaus aus dem 16. Jahrhundert, dem sogenannten »Schabbel-Haus«, das sich der Wismaraner Bürgermeister gleichen Namens errichten ließ. Im Dreißigjährigen Krieg wohnte Albrecht von Wallenstein hier, an den in Wismar ein ganz besonderes Bauwerk erinnert: die Frische Grube. Ein aus großen Feldsteinen errichteter Kanal mitten durch die Stadt, der Teil eines intelligenten Plans war: der Verbindung zwischen Ostsee, Westmecklenburgischer Seenplatte und der Elbe. Als der böhmische Edelmann von der politischen Bühne seiner Zeit verschwand, verschwand auch der Traum einer solchen Verbindung. Und die einzigen wichtigen Schiffe, die den Kanal wirklich befuhren, gehörten meinen Freunden und mir. Und wenn wir sie hin und wieder befreien mußten aus der Umarmung grasgrüner Schlingpflanzen, dann war es, als käme Gulliver ins Land der Zwerge.

Später hab ich mir andere Namen gemerkt. Und andere Daten. Später fiel mir eindrucksvoll auf, daß die Stadt zu keiner Zeit einen befestigten Fürstensitz in ihren Mauern duldete und daß der unbefestigte, noch heute existierende »Fürstenhof« immer lübischem Recht unterworfen war. Zwar wurde Wismar nie eine freie und unmittelbare Reichsstadt. Aber sie blieb doch über Jahrhunderte hinweg ein mächtiger, privilegierter Widerpart der Landesherren. Ihre späteren Abhängigkeiten sind deshalb um so bedrückender.

Allerdings: Was dem Gemeinwesen im Laufe der Zeit an Größe verlorenging, das holten zwei Namen im 19. Jahrhundert ein wenig wieder zurück. Der eine: Dr. Friedrich Christoph Dahlmann. Wismaraner von Geburt, war er der Verfasser der Protesterklärung jener »Göttinger Sieben«, in der dem verfassungsbrüchigen König von Hannover der Huldigungseid verweigert wurde. Ein bekanntes Datum deutscher Geschichte. Eine Straße in Wismar trägt seinen Namen. Und eine in Bonn. Das zumindest verbindet diese beiden Städte, wie ich 1976, im Jahr meines Übertritts von Deutschland nach Deutschland, überraschenderweise erfahren sollte. Ich habe die Tatsache als Zeichen vermerkt. Man wird mir den Brückenschlag zwischen Bundeskanzleramt, Rhein und einer mittleren Straße in Wismar vergeben. Und auch nicht. Die Gedanken sind frei. Und auch nicht. So dachte und sprach ein weiterer Bürger dieser Stadt. Zeitgenosse Dahlmanns und viel weniger berühmt, aber nicht weniger groß: Dr. Johann Heinrich Sievers. Buchhändler und Dichter, Zeitungsgründer und Schriftsteller, Veranstalter einer Feierstunde am 27. November 1848 in Wismar zu Ehren des in Wien ermordeten Robert Blum. Rastloser Vorkämpfer einer neuen Verfassung für Mecklenburg-Schwerin und freier Wahlen zu einer verfassunggebenden Versammlung. Ein echter Achtundvierziger, der dann, als die befreienden Ergebnisse der Revolution, langsam aber sicher, auf ihr altes Unmaß zurückgeschraubt werden, einer der echtesten wird: ein Verfolgter, ein Fliehender, ein steckbrieflich Gesuchter. Ein Zurückkehrender und Gefangener. Schließlich ein Exilierter: zuerst in London, dann in der Schweiz. Dort stirbt er 1876. Einer von vielen und Glied einer langen Kette, die gerade in unseren Tagen um viele neue erweitert wird.

Besonders diesem Mann bin ich auf der Spur gewesen: in den Archiven der Stadt, des Landes. Und während dieser Gang ihm nach noch zu Höhepunkten vor alten Urkunden in geöffneten Panzerschränken führte – das älteste Stadtbuch ruhte in meinen Händen –, da war's schon beschlossene Sache, dem Spurensucher die vergangene Zeit so zu verkürzen und nahezubringen, daß aus den fremden Spuren eigene wurden – daß die Vergangenheit des einen die Zukunft des anderen werden sollte.

Wenn ich an Wismar denke, löse ich sie, was eigentlich nicht geht, aus der Gegenwart heraus und nähere mich ihr wie einem versunkenen Ort, der urplötzlich auftaucht. Ich habe diese Stadt immer nur als vergangene

Gegenwart begriffen, um sie für eine größere Zukunft zu retten. Wäre sie mir nur »reine« Gegenwart geblieben, ich hätte wohl in ihr gewohnt, aber nicht gelebt: dazu waren die neuen Fassaden, Plakate und Sprüche zu brüchig. So aber verwandelte sie sich wieder und wieder vor meinen Augen: Durch die Straßen und Gassen gingen die Menschen aller wichtigen Zeiten. Ihr Lärm erscholl, ihr Singen, ihr Schrein. Ich sah die Kämpfe der Stadt, ihre Siege und Niederlagen. Ich habe das Jahr 1229 erlebt, das für den Beginn ihrer Geschichte steht, und ich war dabei, als die Ratsmannen Wismars mit dem berüchtigten Seeräuber Störtebecker einen Vertrag abschlossen, um dem in Stockholm eingeschlossenen Landesherrn zu helfen. Ich fuhr auf Wismarschen Koggen durch Nord- und Ostsee: an Bord das berühmte Bier und den berühmten Hering. Ich bezahlte mit Wismarschen Münzen und erlebte den alljährlichen Markt zu Pfingsten, bezeugt seit dem 14. Jahrhundert. Gespräche gab es mit Sievers und Dahlmann, mit dem Verleger Hinstorff und seinem berühmtesten Autor: Fritz Reuter. Selbst mit dem Hauptmann von Köpenick, der ein Jahr lang in Wismar Schuhe besohlte, wurden Worte gewechselt. Alle Epochen und alle Menschen, die den Ruhm meiner Stadt gemehrt haben, sprach ich und ließ mich davon überzeugen, daß es richtig sei, von dieser Stadt weiterzusagen: ihren Namen aufzuheben wie einen kostbaren Gegenstand, der uns Schönheit vermittelt und Weisheit.

Ulrich Schacht

ERINNERUNGSBLATT AN EINE KIRCHE
St. Nikolai zu Wismar

Kaum etwas an ihr ist spielerisch oder auch nur fein, schon gar nichts ziseliert, geschweige denn filigran, und dennoch schlägt sie jeden Betrachter vom ersten Augenblick der Begegnung an in ihren Bann: Denn was da emporwächst an Mauern, Getürm, Bögen und Streben, ragt wie ein Felsmassiv in den oft regendunklen und wolkenverhangenen Himmel: St. Nikolai zu Wismar – eine der drei großen Kirchen der mecklenburgischen Hansestadt und Beispiel norddeutscher Backstein-Gotik in Reinkultur.

Wenn Mächtigkeit Prächtigkeit ausdrücken soll, zu wessen Ehre und Lob auch immer, dann haben wir es in diesem Fall mit einer geradezu erdrückenden Pracht zu tun: Manchmal sieht diese Kirche aus wie eine riesige Glucke, die eine ganze Stadt im Schatten ihrer Flügel birgt, manchmal wie ein brandrotes Schlachtschiff, das von einer Armada Schaluppen umkreist wird.

Gewiß, Weltberühmtheit kann man ihr nicht nachsagen; aber regionale Bedeutung haben ihre architektonischen Dimensionen mit Sicherheit; und im geschichtlichen Raum hansischer Kulturlandschaft steht sie wohl ziemlich einmalig da.

Solche Superlative, auch wenn sie sich im regionalen Kontext begrenzen, wollen wohlbegründet sein: mit all den unvermeidlichen Eckdaten zur Geschichte eines solchen Bauwerkes, zu Ausstattung und Ausmaßen, zu Weihefesten, Umbauten und Katastrophen, deren Gewaltigkeit sich ja immer am besten ablesen läßt an der Gewaltigkeit des Zerstörten oder Beschädigten.

Wismars St. Nikolai-Kirche hat davon, wie die Schwestern St. Marien und St. Georgen, im Laufe der Jahrhunderte viel erlebt, aber den entscheidenden Angriff, im Unterschied zu den konkurrierenden Geschwistern, heil überstanden: Eine Bombennacht im April 1945 löschte aus, was bis dahin, neben Ernst Barlach und Theodor Däubler, vor allem auch die Geschichtspoetin Ricarda Huch fasziniert hatte:

»Ja, aus dem Meere kommt diese Fabelstadt, eingehüllt in die Feuchte der unerforschten Tiefe, die das Glutrot ihrer Steine dämpft ... Gewaltig ragen die drei Hauptkirchen aus der Stadt empor. St. Marien und St. Georg in der Nähe des Marktes, St. Nikolaus am Hafen, dem Patron der Fischer geweiht. Herausfordernd hingeworfen, wie um sich untereinander und alle Kirchen der Nachbarorte zu übertrumpfen ...«

Ricarda Huchs enthusiastische Wismar-Vision, die ihren Grund nicht so sehr dem subjektiven Vorstellungsvermögen der Schauenden, sondern der objektiven Wirkungskraft des Geschauten verdankt, kann heutzutage nur noch bedingt nachvollzogen werden: Das Ensemble der Bauten, die so stark auf die Dichterin wirkten, ist zerstört, Fragmente beherrschen die Szene. Aber selbst diese Bruch-Stücke geben immer noch eine Ahnung davon, warum Wismar, das nie geistliche oder weltliche Herren in seinen Mauern duldete, bald die »Stadt der Dome« genannt wurde.

Nie war es das Detail, das diesen Ruf gerechtfertigt

hat; immer war es das Ganze, das ihn begründete und ins Sagenhafte verlängerte. Ein Ensemble, das optisch Macht wachsen ließ, um Selbstbehauptungswillen nicht nur zu demonstrieren, sondern letztlich zu *beweisen:* Gott ist mit den Erfolgreichen! Und wenn der Erfolg nachläßt? Wenn politische und wirtschaftliche Konflikte und Konstellationen ins Handwerk, ins Handeln pfuschen?

Dann wird weitergebaut. Gerade deshalb. Wer nach oben strebt, richtet sich auf. Die Himmelsgunst ertrotzen? Ein Hauch von Babel umströmt diese Silhouette. Eine Stadt, die Calvin zum Beweis gereicht hätte: Gott ist mit den Erfolgreichen! Was sich selbst noch im Niedergang, quasi ex negativo nachweisen läßt: Nun ist Gott nicht mehr mit ihnen!

Warum? Am wenigsten wüßten es wohl die zu sagen, die – in Jahrhunderten – den Steinhaufen des Anstoßes zu Kirchen werden ließen. Die mit schier brachialer Schöpferkraft und Intelligenz wahre Gottesburgen auftürmten. St. Nikolais Geburtsjahr liegt um 1380. Sie war nicht nur Ausdruck innerstädtischer Notwendigkeiten und Gemeindekonkurrenz, nicht nur Antwort auf die über hundert Jahre ältere Ratskirche St. Marien, sondern vor allem ein Angriff auf deren Dimensionen: Mit einem 37 m hohen Mittelschiff, dem höchsten zwischen Mecklenburg und Thüringen und leicht übertroffen nur noch vom Kölner Dom und der Danziger Marienkirche, ist die Attacke denn auch erfolgreich verlaufen und dauerhaft geblieben.

Alles andere – Langhausjoche, Kapellenkranz, Seitenschiffe sowie Nord- und Südhalle – folgt ansonsten, also in Stil und Ausformung, der heftig Attackierten. Solcher auf geringe Originalität bedachte Nachvollzug vorgefundener Gestaltungsmöglichkeiten kompensierte sich in der Errichtung des Turmes: Der dreigeschossige Sockel und sein kupferbedeckter achtseitiger Helm maßen vom Boden bis zur Spitze stolze 120 Meter.

Doch dieser geradezu stechende Triumph über St. Marien, diese herrliche Erhöhung über alle Türme der turmreichen Stadt währte nur knapp zwei Jahrhunderte: Am 8. Dezember 1703 brach ein Orkan, der auch andernorts fürchterlich wütete, ins Turmgebälk von St. Nikolai – so sehr, daß es bald einknickte und im Sturz das Kreuzgewölbe des Hochschiffes durchschlug sowie Lettner, Triumphkreuz, Orgel, Kanzel, Gestühl und die vergoldete Bronzefünte zerschmetterte.

Die Stadt, zu diesem Zeitpunkt längst ausgepowerte schwedische Kolonie, war finanziell nicht in der Lage, die alte Ausstattungspracht, die nicht zuletzt proportional den Dimensionen des riesigen Raumes gerecht wurde, zu erneuern. Es dauerte noch ganze einhundert Jahre bis zur bloßen Wiederherstellung des spätgotischen Gewölbes.

Was bis 1945 an Ausstattung in St. Nikolai Platz fand, geriet eher kümmerlich. Doch seitdem beherbergt sie wieder kirchenkunsthandwerkliche Schätze: Gerettetes aus den zerbombten Schwestern.

Die Baumeister dieser somit seit langem versehrten Machtpracht – Heinrich von Bremen, Hermann von Münster, Peter Stolp und Hans Martens – schufen ein Gotteshaus von »hoher Monumentalität«, meinen Kunsthistoriker, die doch zugleich »kahle Einseitigkeit« auszeichne.

Aber gerade diese Monumentalität ist es, die bis heute

in den Bann zieht. Denn sie drückt keineswegs nieder, sondern reißt uns regelrecht empor. So jedenfalls habe ich es immer wieder erfahren. Ihre Dunkelheit, trotz der hohen Fenster, habe ich nie als sinnferne Düsternis empfunden, sondern immer nur als das Geheimnis des Glaubens bewahrende Herausforderung. Ein Ort, der Kraft signalisierte, Mut, Kühnheit. Vor allem aber: Willen. Und doch habe ich darin nie eine ungebührliche Selbsterhöhung des Menschen gesehen, sondern nur das Aufrichten der niedergedrückten Kreatur, die im Willen zur Ehrfurcht der eigenen Geschöpflichkeit Wert zuerkennt: Ein Haus für Gott, um der Menschen willen. Mit all der unterkühlten Rhetorik, die die norddeutsche Backstein-Gotik charakterisiert: also wenig Zierat, Schnickschnack und Blendwerk, dafür Grundflächen, Linien, Richtungen, Konzentration durch Reduktion auf Strukturen, die Klarheit schaffen. Metaphysische Horizont-Erweiterung – das wäre, formelhaft, die ideelle Summe derartigen Bauens.

Sieht man in solch einer Kirche nicht wesentlich mehr von dem, worum es im Kern geht, als in Kirchen, in denen man wesentlich mehr sieht?

Ich bin – Wismaraner und Protestant – doppelt befangen und kann deshalb Antwort nur für mich geben. Zumal: Dies ist nicht der Ort für Bekenntnisse, sondern für Einladungen.

St. Nikolai zu Wismar ist eine, die auf den ersten Blick wenig verspricht, auf den zweiten jedoch viel hält. Es gibt also Gründe, sich auf diese Kirche mitten in Deutschland einzulassen: architektonische und theologische, kulturhistorische und politische. Vor allem aber den, der mich hat immer wieder eintreten lassen in dieses imponierende Gewölbe aus Schlichtheit und Gewaltigkeit: Meine Sehnsucht, zu mir selbst zu kommen, ohne in Abgründen verlorenzugehen.

Die Mauern von St. Nikolai gaben dieser Sehnsucht lautlos Raum. Nicht zuletzt indem sie mir Bilder zeigten, die vor Jahrhunderten hier an die Wand gemalt worden waren. Keine Apokalypsen, sondern Hoffnungsbilder: Christophorus und der Schmerzensmann. Meterhohe Gestalten in zarten Farben. Ihr künstlerischer Wert soll hoch sein. Ihr tröstender ist unermeßlich.

POETISCHES

Klabund

Am Hafen in Wismar

O! Als ich Matrose war!
Im Takelwerk der Brigg »Blaa Fugel« hing!
Mit breiter, brauner Brust Sturm und Sonne fing!
Irrlichter tanzten nachts auf meinem Haar.

O! und in Wismar im Hafen,
Es gab faule Tage, faule Fische und nichts zu tun.
Wir waren dammig dun,
Als wir Anke Hansen trafen.

Ich habe Anke Hansen geliebt.
Wir sind am nächsten Tage heimlich zur Wahrsagerin
geflischt,
Und sie hat uns für zwei Groschen aufgetischt,
Daß der Himmel in lauter Glanz gestiebt.

Ich wußte, daß ich sieben Kinder kriege,
Und ein Haus auf der Insel Poel.
Und immer viel Fleisch zu essen und Butter und
Mehl.
Am Abend tappte ich zum letzten Mal von ihrer Stiege.

Wir trieben den Morgen draußen auf weiten Förden,
Ich schlug vor Wut den Kapitän.
– Heut hab ich in Wismar am Hafen einen blaublonden
Jungen gesehn,
Der wollte Schiffsjunge werden.

Alfred Andersch

ABER DIE STADT WAR ZUM STAUNEN

Es kam so, wie Gregor es sich vorgestellt hatte: die Kiefern hörten auf einmal auf, die Straße hob sich noch einmal auf den Rücken der Moräne, und von oben bot sich das erwartete Bild: die Weiden, die Koppeln, von schwarzweißen Kühen und von Pferden gefleckt, dann die Stadt, dahinter das Meer, eine blaue Wand.

Aber die Stadt war zum Staunen. Sie war nichts als ein dunkler, schieferfarbener Strich, aus dem die Türme aufwuchsen. Gregor zählte sie: sechs Türme. Ein Doppelturm und vier einzelne Türme, die Schiffe ihrer Kirchen weit unter sich lassend, als rote Blöcke in das Blau der Ostsee eingelassen, ein riesiges Relief. Gregor stieg vom Rad und betrachtete sie. Er war auf diesen Anblick nicht gefaßt. Sie hätten es mir sagen können, dachte er. Aber er wußte, daß die Leute im Zentralkomitee für so etwas keinen Sinn hatten. Für sie war Rerik ein Platz wie jeder andere, ein Punkt auf der Landkarte, in dem sich eine Zelle der Partei befand, eine Zelle hauptsächlich aus Fischern und den Arbeitern einer kleinen Werft. Vielleicht war auch nie jemand vom Zentralkomitee in Rerik gewesen. Sie hatten keine Ahnung, daß es hier diese Türme gab. Und wenn sie es wußten, so würden sie doch nur über Gregors Ansicht lachen, daß solche Türme einen Einfluß auf die Parteiarbeit hätten. Wenn Gregor ihnen gesagt hätte, was er im Anblick von Rerik dachte, daß man nämlich in einer Stadt, in der es solche Türme gab, mit ganz anderen Argumenten arbeiten müsse, als mit denen, die für gewöhnlich in den Flugblättern standen, so hätten sie nur die Schultern gezuckt. Bestenfalls hätten sie gesagt: dort wohnen genau die gleichen Menschen wie auf dem Wedding. Und das war richtig. Die Fischer von Rerik waren sicherlich genau die gleichen Menschen wie die Arbeiter von Siemensstadt. Aber sie wohnten unter den Türmen. Sie wohnten selbst dann noch unter ihnen, wenn sie auf die See hinausfuhren. Denn die Türme waren auch Seezeichen.

Von ihnen aus muß die See bis an die Grenze des Hoheitsgebietes zu beobachten sein, dachte Gregor. Sieben Meilen. Sieben Meilen Flucht lagen im Blick dieser Türme. Aber auf keinen Fall saßen die Anderen in den Turmluken. Das war eine gute Sache, dachte Gregor, daß es keine Türme für die Anderen waren. Wer saß denn darin? Niemand saß darin. Es waren leere Türme.

Aber obwohl die Türme leer waren, fühlte sich Gregor von ihnen beobachtet. Er ahnte, daß es schwierig sein würde, unter ihren Blicken zu desertieren. Er hatte es sich ziemlich einfach vorgestellt: sein letzter Instrukteurauftrag lautete auf Rerik, er würde ihn ausführen und dabei den Verbindungsmann aus Rerik über die Hafen- und Transportverhältnisse ausforschen. Aber er hatte nicht mit diesen Türmen gerechnet. Sie sahen alles. Auch einen Verrat.

...

Auf der Westfront der Georgenkirche lag die späte Nachmittagssonne des kalten Himmels. Gregor ging, das Rad schiebend, im Schatten der Häuser auf der anderen Seite des Platzes. Das war keine Kirchenfront, dachte

Gregor, das war die Front einer riesigen uralten Ziegelscheune. Er vermied es, in das lehmrote Licht zu treten, das von der Scheune ausging. Die Weite des Platzes vor der Kirche und das Licht darauf störte ihn; nicht das Hauptportal, dachte er, alle Häuser um den Platz würden einen Mann beobachten, der auf das Hauptportal zuginge. Dabei war der Platz keine Bühne. Er war eine Tenne. Es war schon lange auf ihm kein Korn mehr gedroschen worden. Feierlich lag er im toten herbstlichen Nachmittagslicht, vor der geschlossenen roten Wand, der Wand aus rostigen Steinen, der verrosteten Wand, die nie mehr in zwei großen Flügeln auseinanderklappen würde, um die Erntewagen einzulassen. Ob die Scheunen, die wir für unsere Ernte bauen, auch einmal so verlassen daliegen werden, dachte Gregor. Als er um die Kirche herumging, fand er auf der Südseite, in einem toten Winkel, der höchstens von zwei oder drei Häusern aus eingesehen werden konnte, ein anderes Portal. Er lehnte sein Fahrrad gegen eines der Häuser; auf einem Messingschild, das neben der Türe angebracht war, las er: Pfarramt St. Georg. Gut, dachte er. Und dann dachte er: so weit ist es also schon gekommen mit uns, daß wir unter den Fenstern eines Pfarrhauses aufatmen. Er ging hinüber zur Kirche und die paar Stufen zum Portal hinauf: der eine der beiden Flügel öffnete sich, als er dagegen drückte.

Er befand sich im südlichen Querschiff und er ging rasch zur Vierung vor, um nachzusehen, ob der Verbindungsmann aus Rerik schon da war. Die Kirche war vollständig leer. In diesem Augenblick schlug es vom Turm vier Uhr; die Glockentöne füllten die ganze Kirche mit ihrem bronzenen Geschmetter, aber den letzten schnitt die Stille wie mit einem Messer ab. Ich bin pünktlich, dachte Gregor, hoffentlich läßt mich der Genosse nicht warten.

Ein Mann, offenbar der Küster, kam aus der Sakristei und machte sich am Hochaltar zu schaffen. Gregor begann, in der Kirche umher zu gehen, als wolle er sie besichtigen. Nach einer Weile verschwand der Küster wieder in der Sakristei. Im Gegensatz zum Außenbau war das Innere der Kirche weiß gestrichen. Die Oberfläche der weißen Wände und Pfeiler war nicht glatt, sondern bewegt und rauh, da und dort vom Alter grau und gelb geworden, besonders dort, wo sich Risse zeigten. Das Weiß ist lebendig, dachte Gregor, aber für wen lebt es? Für die Leere. Für die Einsamkeit. Draußen ist die Drohung, dachte er, dann kommt die rote Scheunenwand, dann kommt das Weiß und was kommt dann?

. . .

In einer Kapelle im südlichen Seitenschiff hing eine verwitterte goldene Fahne. Unter ihr kniete ein Mann und betete. Der Mann hatte das übliche wehrhafte und fromme Gesicht: eine strenge spitze Nase, einen gekräuselten Vollbart, tote Augen. Aber der strenge Mann, der graue Marmormann, der ein König aus Schweden war, würde sich niemals erheben, um mit seinem Schwert Gregor zur Seite zu stehen. Es gab keine Könige aus Schweden mehr, die über die See fuhren, um die Freiheit des Glaubens zu schützen; oder wenn es sie gab, so kamen sie zu spät. Und das Gold der Fahne über dem König war nicht das Gold des Schildes von Tarasovka: es war fast schwarz geworden und würde sich in Staub auflösen, wenn man es berührte.

. . .

Von der Decke des südlichen Querschiffs, durch das Gregor hereingekommen war, hing ein Schiffsmodell, eine große, braun und weiß gestrichene Dreimastbark. Gregor betrachtete sie, an einen Pfeiler der Vierung gelehnt. Er verstand nichts von Schiffen, aber er stellte sich vor, daß mit einem solchen Schiff jener König über das Meer gekommen sein müsse. Dunkel und mit Träumen beladen hing die Bark unter dem weißen, in der Dämmerung immer grauer werdenden Gewölbe, sie hatte die Segel gerefft, aber Gregor stellte sich vor, daß sie im Hafen von Rerik lag, daß sie auf ihn wartete, um sogleich, wenn er an Bord gegangen war, ihre Segel zu entfalten, Tücher der Freiheit, in deren Geknatter sie auf die hohe See hinausfuhr, bis zu jenem Punkt, an dem ihre Masten, ihre von Segeln klirrenden Masten endgültig höher waren als die Türme von Rerik, die kleinen, winzigen und endlich in der Ferne der Knechtschaft versinkenden Türme von Rerik.

(Aus dem Roman *Sansibar oder der letzte Grund,* in welchem dem kleinen Ort Rerik die Stadtlandschaft Wismars untergelegt wird.)

Ulrich Schacht

Fünf Gedichte

Wismar

Gesicht.
Ein Gesicht bist du
mir geworden. Dein Atem
in hohen Gemäuern, ich lief
ihm nach, um zu wissen
den Weg zum Herzen,
und stürzte nicht in die Tiefe dabei,
die ziegelscharf war und wuchernd
wie Stille am Meer: Das lag
vor dem Tor und dieses vorm
Wind: von oben
kam er herab und manchmal auch
hinter der Insel hervor, dann laut,
mit Gedröhn, das Wasser brach
über die Mauern, und drei Tage
später fuhrn wir in Trögen
über die Straßen, und Silber floß
in die Keller, nachts, da der Mond entdeckte
im brüchigen Mauerbogen: die Birke.

Dein Bund mit der Nacht, war es
dies steinerne Dunkel? Im Herbst
von Gewittern erhellt – die gingen
und kamen und ließen nicht ab
von Dächern, von Kupfergetürm.
Im Ächzen der Linden hörte ichs wimmern: von Tauben
vielleicht, von Geistern? – So wurde aus Regen
Schwertgeklirr, und Urkunden rollten sich auf,
zum Wasser
strömte die Schattenflut, die Stunde trug
flandrisches Tuch. Und aus gemeißeltem Stein traten
hervor die Namen: verständlich ihr Antlitz,
fremder ihr Klang.

(1977)

Im Fernglas W.

Schnitt in
den Horizont: Die
Stadt. Herz meiner
Augen. Vors Wasser Turm
um Turm gesetzt die
ferne

Festung In
ihren Mauerbrüchen kenn
ich mich aus noch
nachts leuchtet
wenn nichts
mehr

leuchtet der
Stein auf den
Straßen mir: Heim. Weg
wo du liegst bin
ich vielleicht
schon ein

Fremder

(1985)

Wintererde

Am Horizont unter
glänzendem Licht die Stadt taucht
auf aus der Senke zum Meer Land fließt
ihr entgegen erstarrte Wellen
Täler darin das eine
Spiel, uralt und
formvollendet: Vier
schwarze Vögel. Im Schatten ihrer
dunklen Schnäbel gefriert das
Blut. Lautlose Arbeit die mein
Auge filmt die Stadt kommt
näher und näher uralt und
Form: Vollendet

(1992)

Das ist wieder möglich: Das Heim
Kehren. Über Landnarben nach Hause
getroffen werden von Gesichtern
aus letzter Hand in denen ein
mühsamer Mund memoriert Namen
Feste Gezeiten. Dazwischen die
Abgekehrten: ins Erdinnere
gestürzt das Weite gesucht. Ich

habe stärkere Echos gehört vor
der enteigneten Stadt, am
Meer, Sandabdrücke nach
Maß Stimmen aus meinem
möglichen Repertoire. Aber das
Wiedergefundene entlarvt nur den
Raub das klassische Licht die
klassisch verankerte Finsternis
(1992)

Im Herbst liebte ich meine
Stadt Tag um Tag mehr in den
kantsteingestauten Strömen floß
alles Gemäuer davon das den Sommer
verschattete das Frühjahr den Winter dunkle
Muster die jeder Herbst erlöste: Blatt um
Blatt trieb vorbei versehen mit
Fingerabdrücken Augenblicken: Text der
sich ins Meer schrieb das über die Stadt
kam wenn Herbst war und sie ertränkte die
falschen Farben den
brüchigen Grund.
(1993)

Friedhelm Mäker

Wismarer Hafen

Nicht Ebbe, nicht
Flut; meine Spiele
waren leise Bewegung.

Aus Holz die Schwedenköpfe.
Großvater führte
das trunkene Schiff.

Schulende: Ich sah
den eisernen Horizont.

Abschied von Wismar

Aus den Augen
der Sand-
steinnymphen
sickert Blut über Brust
und Bein, versickert
am Brunnenboden, glänzt
in der Mittagssonne
an verbranntem Backstein.

St. Georg wirft das weiße Tuch
über mich.

PERSÖNLICHES

Christel Kindler

Kapitän Wilhelm Bade, der Nordpolarforscher

Das Wismarer Stadtarchiv birgt unter seinen »Schätzen« mancherlei Interessantes, das dem Licht der Öffentlichkeit bisher unbekannt geblieben ist. Das trifft besonders zu für die umfangreiche Sammlung der wissenschaftlichen, familiengeschichtlichen Nachlässe sowie der Arbeitsnachlässe von Persönlichkeiten. Sie ist für die Forscher ein Fundus nicht nur zur stadtgeschichtlichen Entwicklung, sondern speichert umfangreiche Informationen über das Land Mecklenburg und darüber hinaus.

Zu diesem Bestand gehört u.a. ein Teil des schriftlichen Nachlasses des Nordpolarfahrers, Kapitän Wilhelm Bade, der dem Stadtarchiv als Schenkung aus einem Privatbesitz übergeben wurde.

Eduard Gustav Wilhelm Bade, der das Verdienst für sich in Anspruch nehmen kann, Spitzbergen als Reiseland entdeckt zu haben, wurde am 20. Februar 1843 als Sohn des Rittergutsbesitzers Bade in Hohen Wieschendorf, Kreis Wismar, geboren.

Über seine schulische und berufliche Ausbildung läßt sich kaum etwas ermitteln. Da aber seine Eltern ein Haus in der ehemaligen Friedrich-Franz-Straße (heute August-Bebel-Straße) in Rostock besaßen, ist anzunehmen, daß er den seemännischen Beruf dort erlernte.

Zu dieser Zeit wurde in vielen Ländern damit begonnen, die arktischen Gebiete zu erforschen und Nordpolexpeditionen auszurüsten, auch Deutschland und Italien beteiligten sich daran. Im Jahre 1868 wurde im Auftrage des Kartographen und Vorstandes des geographischen Instituts von J. Perthes in Gotha, August Petermann, die 1. Deutsche Nordpolexpedition nach Spitzbergen durchgeführt. Das Kommando führte der Kapitän Karl Koldewey, unter dessen Leitung ebenfalls die 2. Deutsche Nordpolexpedition nach Ostgrönland stand.

An dieser 2. Deutschen Nordpolexpedition 1869/70 nahm auch Wilhelm Bade als II. Offizier auf dem Schiff »Hansa« teil. Gleichzeitig fungierte er als Proviantmeister.

Über den Verlauf dieser Expedition, die dabei durchgemachten Strapazen und über ihre Erlebnisse berichtet Wilhelm Bade ausführlich in seinen Aufzeichnungen.

...

Seine Eintragungen beginnen am 15. Juni 1869, dem Auslaufen der »Hansa« und der »Germania«, die die wissenschaftlichen Ausrüstungen an Bord hatte, in Bremerhaven.

Wie aus dem Tagebuch hervorgeht, wurden infolge einiger Mißverständnisse bei starken Wetterunbilden am 20. Juli 1869 beide Schiffe getrennt und konnten ihren Weg nicht gemeinsam fortsetzen.

Der »Hansa«, einem Schoner von 87 Fuß Länge, 20 Fuß Breite und 10 Fuß Tiefe, gelang es nicht, das Packeis zu durchstoßen und sie geriet schließlich am 21./22. Oktober durch Eispressung in Totalverlust.

Die Besatzung der »Hansa«, bestehend aus vierzehn Mitgliedern, darunter ein Zoologe und ein Geologe, war gezwungen, aus Kohlenbriketts ein Winterhaus auf einer Eisscholle zu bauen.

Schließlich erreichten sie am 13. Juni 1870 in zwei offenen Booten die bewohnte grönländische Küste. Viele Entsagungen mußten diese Männer in jenen 200 Tagen auf sich nehmen. Die Boote »Hoffnung« und »Bismark«, nur mit einem Dach aus gewölbtem Segeltuch, konnten zwar notwendige seemännische Instrumente und Proviant von der »Hansa« übernehmen, waren aber für eine längere Expedition unzureichend ausgerüstet.

Nach mehr als vierzehn Monaten sahen sich endlich die Mannschaften der »Hansa« und der »Germania« in Bremen wieder.

Trotz aller Strapazen, die Wilhelm Bade zusammen mit den anderen Besatzungsmitgliedern durchgemacht hatte, war er von der Schönheit und dem Naturreichtum der arktischen Regionen so beeindruckt, daß er sich die Erschließung Spitzbergens für den Tourismus zur Lebensaufgabe machte.

. . .

Von 1892/93 an widmete sich Kapitän Bade den organisierten Passagierfahrten zu den Inselgruppen Spitzbergens, die er in späteren Jahren dann bis auf die Polargrenze auf 80° Nord ausdehnte. Zunächst charterte er für diese Fahrten die »Admiral«, die im Dienst der Woermann-Hamburg-Linie stand. In den Folgejahren unternahm er Touristenfahrten mit den Dampfern »Stettin« und »Danzig« vom Norddeutschen Lloyd Bremen. Die klippenreichen und noch zu ungenau vermessenen Buchten bargen zu viele Gefahren für diese Schiffe mit großem Tiefgang, so daß Wilhelm Bade auf eine Weiterfahrt mit ihnen verzichtete und ab 1896/97 die norwegischen Schiffe »Erlingjarl« und »Kong Harald«, die von Hamburg ausliefen, charterte.

Am 5. August 1900 organisierte er eine Reise für deutsche Touristen mit dem norwegischen Fangschiff »Hertha« von Drontheim aus nach Franz-Josef-Land. Die Inselgruppen von Spitzbergen waren inzwischen begehrtes Reiseziel geworden. Risiken wollte Kapitän Bade jedoch nicht eingehen und so charterte er ab 1902 den als Eisbrecher verstärkten Passagierdampfer »Oikonna«, der einer finnischen Reederei in Helsingfors gehörte. Mit diesem Schiff setzte nach Wilhelm Bades Tod sein Sohn Axel die Spitzbergenfahrten noch bis 1906 fort.

...

Im Sommer 1903 mußte sich Bade an einer zu spät erkannten Mittelohrentzündung in Rostock operieren lassen, an deren Folgen er am 27. Juli 1903 dort verstarb.

Seine letzte Ruhestätte fand dieser kühne Nordpolarfahrer auf dem Friedhof von Proseken bei Wismar.

WILHELM VOIGT, DER »HAUPTMANN VON KÖPENICK«

Ein Zeitungsbericht

Das groteske Schauspiel der »Eroberung« des Köpenicker Rathauses durch einen falschen Hauptmann in Uniform, die Gefangennahme und Abführung der beiden obersten Magistratsbeamten sowie die Beraubung der Stadtkasse haben am Sonnabend vor dem Berliner Landgericht ihre Sühne gefunden. Der Gerichtshof hat, wie bereits gemeldet, den Schuhmacher Wilhelm Voigt nach neunstündiger Verhandlung wegen Betrugs und schwerer Urkundenfälschung, wegen Vergehens gegen die öffentliche Ordnung, wegen Freiheitsberaubung, ferner wegen Tragens einer Uniform zu vier Jahren Gefängnis verurteilt; außerdem zu den Kosten des Verfahrens. In Ergänzung unseres Berichtes in der Sonntag-Nummer bringen wir heute noch die ausführlichen Mitteilungen unseres Berliner sh-Berichterstatters, die er uns unterm 1. Dezember zugehen ließ:

Angekl.:

Ich hatte es nur einem Zufall zu verdanken, daß ich bei dem Hofschuhmachermeister Hilpert in Wismar ein Unterkommen fand. Der Mann war sehr mit mir zufrieden und hat mir Vertrauen geschenkt, obwohl ich ihm über mein Vorleben vollständig reinen Wein eingeschenkt hatte. Ich bin dort wie ein Kind in der Familie behandelt worden, habe das Geschäft oft allein unter mir gehabt, und obwohl große Geldsummen umherlagen und ich stundenlang in der Wohnung allein war, habe ich das mir geschenkte Vertrauen niemals mißbraucht. Ich habe überhaupt niemals daran gedacht, denn ich war glücklich wie ein Kind, wieder ein Heim, eine Stellung gefunden zu haben, wo man menschenwürdig leben und arbeiten kann. Ich hatte in der Kirche meinen eigenen Kirchenstuhl, war also nicht ausgeschlossen aus der christlichen Gemeinde, und glaubte endlich Ruhe zu haben. Da kam eines Tages, wie ein Blitz aus heiterem Himmel, eine Vorladung vor die Wismarsche Polizei. Als ich hin kam, zog der Kommissar ein Schreiben aus der Schublade und las: Sie werden hiermit aufgefordert, Wismar und die mecklenburgischen Staaten an demselben Tage zu verlassen, an dem Ihnen diese Aufforderung amtlich zur Kenntnis gebracht wird. Mir war in diesem Augenblick, als wenn mich jemand mit der Axt auf den Kopf geschlagen hätte. Am gleichen Tage noch mußte ich fort – wieder ging es auf die Straße hinaus, trotzdem ich pünktlich meine Steuern bezahlt, gearbeitet und niemand etwas Böses getan hatte. Und ich bekam nicht einmal einen Paß mit. *Vors.:* Sehen Sie einmal, Voigt. Das alles mag ja für Sie sehr bedauerlich und traurig gewesen sein. Aber Wismar ist eine kleine Stadt, in die Sie mit einer Vergangenheit von 15 Jahren Zuchthaus hineingekommen waren. Die Stadt Wismar machte also nur von einem ihr gesetzlich zustehenden Rechte Gebrauch, denn sie brauchte einen solchen Mann wie Sie nicht in ihren Mauern zu dulden. Was geschah nun weiter? *Angekl.:* Ich zog mit meinem wenigen verdienten Gelde nach Berlin zum Joachimstift, dessen Stadtmission für mich Arbeit haben sollte. Jawohl, sie hatte welche, draußen in der Reinickendorferstraße, da bei den Obdach-

losen. Ich bin da auch wieder hingegangen, um Kohlen zu tragen. Das war gewiß eine viel schwerere Arbeit für meinen gebrechlichen Körper. Aber ich habe sie getan. Ich habe diese Arbeit geleistet für 3,50 Mark täglich bis zum nächsten Sonntag, dann ging es nicht mehr. Ich ging dann nach Rixdorf, um in einer der großen Fabriken dort Arbeit zu finden. Aber kaum hatte ich sie, da wurde ich auch aus Rixdorf ausgewiesen, und nun stand ich vor folgender Erkenntnis: Was mir in Wismar und in Rixdorf passierte, kann mir von nun an immer und überall passieren. Im Inland bekomme ich Polizeibesuch oder die Ausweisung und ins Ausland kann ich nicht, denn die Polizeiaufsicht gestattet nicht, daß ich einen Paß führe. Die einzige Rettung aus meiner Lage wäre ein Paß, denn sonst dauert die alte Litanei von Schuld und Sühne bis in alle Ewigkeit hinein. Der Boden wankte mir unter den Füßen. Ich sah keine Rettung mehr. Die Polizei ließ mich im Stich, und da kam mir der Gedanke, die anderen Behörden lassen mich im Stich, also versuche es einmal mit der Militärbehörde.
(Heiterkeit.)

Klaus Albrecht

Rudolph Karstadt, der Kaufhausgründer

...

Es ist ein typisch norddeutsches Gesicht, rundschädelig und großflächig. Eines jener Gesichter, das, sobald es eine gewisse Stufe des Alterns erreicht hat, gewissermaßen stehen bleibt und zeitlos wird. So wie Rudolph Karstadt heute aussieht, hat er sicher schon lange ausgesehen, schon vor etwa zwanzig Jahren, als er ganz in der Nähe des Ortes, wo wir augenblicklich zusammen sitzen, das große Warenhaus in der Mönckebergstraße eröffnete und damit seinen Namen an beherrschender Stelle mitten in das sich erneuernde Hamburg setzte! Ja, genau so mußte er damals ausgesehen haben: das Gesicht geprägt von den Spuren schwerer, verantwortungsbewußter Arbeit, aber der Blick fest und klar und die Hände ruhig zugreifend und sicher haltend, was sie einmal gefaßt haben. Jemand, der immer streng darauf gehalten hat, daß sein Äußeres und Inneres stets tadellos aufgeräumt und übersichtlich geordnet waren.

»Ich begreife nicht«, sagt Rudolph Karstadt, fast lächelnd, »wen die Anfänge meines Lebens eigentlich interessieren können? Sie sind so gar nicht ›romantisch‹ und ich bin nicht nach berühmten, amerikanischen Mustern aus dem Nichts emporgekommen, sondern stamme aus den zwar bescheidenen, aber durchaus behaglichen Verhältnissen eines mecklenburgischen Bürgerhauses.

Mit meinen Geschwistern ging ich zuerst in meiner Geburtsstadt Grevesmühlen zur Schule und beendigte die Schulzeit in Schwerin, als mein Vater seine Färberei in Grevesmühlen aufgab und in der Residenz eine Warenhandlung einrichtete. Was war gegebener, als daß auch ich in einer Warenhandlung in die Lehre kam? Ich kam also nach Rostock und trat nach meiner Lehrzeit in das Geschäft meines Vaters ein, in dem mein Bruder Ernst und meine Schwester Sophie Charlotte bereits arbeiteten. Wir waren also nach guter, alter, mecklenburgischer Sitte ein Familiengeschäft wie fast alle anderen Geschäfte im Lande, waren eben ›Karstadts‹.

In unserem Geschäft nun hatte ich die beste Gelegenheit, immer wieder das Grundübel aller damals existierenden Geschäfte zu studieren: das Patriarchalische. Gewiß, es klingt ganz schön, wenn man mit dem berühmten Seufzer die herrlichen Eigenschaften, die nur die gute, alte Zeit besaß und die in unserer bösen, lauten Zeit angeblich alle verloren gegangen sind, immer wieder aufzählt und vor allen Dingen seufzend feststellt, wie ›damals‹ doch alles so wunderschön ruhig zugegangen sei.

Nun, wer wie wir gezwungen war, im patriarchalischen Stil ein Geschäft zu führen, fand doch sehr bald dessen große Schattenseiten heraus. Damals kannte man nur die geheimnisvolle Buchstabenauszeichnung, die nur dem Kundigen den Einkaufspreis der Ware verriet und es ermöglichte, den Käufer bei der Preisstellung ganz individuell zu behandeln. Wer viel Geld hatte, mußte nach diesem Rezept eben mehr bezahlen, als wer wenig hatte. – Aber das Schlimme war, daß niemand überhaupt bezahlte, denn, da alle sich gegenseitig genau kannten, und womöglich noch auf Du und Du miteinander standen, nahm man auf Kosten dieser Freundschaft unbeschränkten Kredit in Anspruch und war oft höchst empört, wenn man wirklich einmal gemahnt wurde.

Seit meiner frühesten Kindheit hatte ich also Gelegenheit, die Schädlichkeit dieses Systems zu beobachten. Es zwang den Geschäftsmann, die Preise hochzusetzen, um sich gegen die nicht seltenen Verluste und Ausfälle möglichst zu sichern und verhinderte einen Umsatz, der es ermöglichte, den Warenbestand öfters zu wechseln und der jeweiligen Mode sofort anzupassen. – Freilich, so oft wie heute wechselte die Mode damals ja nicht – und vor allem nicht im Lande Mecklenburg.

Ich war – warten Sie – ich war fünfundzwanzig Jahre alt, als ich mich entschloß, mit meinen Geschwistern zusammen im Frühling des Jahres 1881 in Wismar in der Krämerstraße ein ›Tuch-, Manufacktur- und Confectionsgeschäft‹ aufzumachen. Sie dürfen mir glauben, daß es lange Überlegungen und Auseinandersetzungen im Schoß der Familie kostete, bis wir uns entschlossen, von Anfang an zu bekennen, daß der Verkauf ›zu sehr billigen, festen Preisen, aber nur gegen bar‹ stattfinden sollte.

...

Wir haben es im Anfang nicht leicht gehabt. Die ganze kleine Hafenstadt schüttelte über das neumodische System der Karstadts die Köpfe. Freilich, wir waren billiger, als alle andern – dafür mußte man bei uns aber auch gleich bezahlen und so kamen unsere Monatslosungen im ersten Jahre über einige Tausend Umsatz nicht hinaus. Da ich aber dies neue System für das allein Richtige hielt, beschloß ich, unter keinen Umständen wieder von ihm abzugehen, selbst als sich meine Geschwister von mir trennten und ich kaum anderthalb Jahre nach der Gründung des Unternehmens alleiniger Inhaber wurde. – Ich gestehe, daß ich noch heute stolz bin, meinen mecklenburgischen Dickschädel aufgesetzt zu haben, denn schon im Jahre darauf stiegen die Monatslosungen bis auf zwanzigtausend Mark.

Um dieselbe Zeit hatte ich mir klar gemacht, daß mein Geschäft sich in Wismar, im Rahmen der durch die Kleinstadt gegebenen Verhältnisse, nun ruhig und stetig weiter entwickeln und daß dies meine junge Arbeitskraft durchaus nicht voll in Anspruch nehmen würde. Deshalb gründete ich 1884 nach denselben Prinzipien eine Filiale in Lübeck und einige Jahre später in Neumünster und Braunschweig.

Dabei lernte ich abermals etwas Neues kennen. Das Ganz-auf-sich-allein-gestellt-sein. In Wismar waren wir noch ein Familienbegriff, waren wir noch die Karstadts, die dieser von Grevesmühlen und jener von Schwerin her kannte. In Lübeck war ich schon fast unbekannt und in Neumünster und Braunschweig gar war ich nur noch darauf angewiesen, durch meine neuen Verkaufsprinzipien neben den Alteingesessenen hochzukommen.

Nun hatte ich vier Geschäfte und war mit dem Umsatz, der erzielt wurde, gewiß nicht unzufrieden, aber ich sah, daß ich von meinem Ziel, meine Kundschaft zu billigstem Preise mit denkbar bester Ware zu beliefern, noch ein tüchtig Stück entfernt war. Inzwischen hatte aber die deutsche Tuchindustrie und was mit ihr zusammenhing, sich derartig weiter entwickelt, daß ich be-

Blick von der Ratsapotheke auf das wiederhergestellte Stammhaus der Firma Karstadt. Rechts Krämerstraße, links Lübsche Straße

schloß, abermals eine neue Idee zu verwirklichen: den Zwischenhändler zu umgehen und für meinen Bedarf direkt beim Produzenten einzukaufen. Da ich schon immer streng darauf gehalten hatte, die Leiter meiner Filialen möglichst selbständig arbeiten zu lassen, konnte ich es wagen, zur Erreichung dieses neuen Ziels meinen Wohnsitz nach Berlin, das immer stärker zur Zentrale des ganzen Reichs wurde, zu verlegen.

Diesen Berliner Lehren verdanke ich das, was ich noch heute für das Wichtigste in unserem doch so sehr verzweigten und verzwickten Geschäft halte: genaueste persönliche Kenntnis der uns beliefernden Fabrikationszweige.

Inzwischen hatte ich auch geheiratet und in meiner Frau eine unermüdliche Mitarbeiterin gefunden.

Dies alles zusammen gab mir den Mut, im Herbst des Jahres 1893 im Herzen Kiels, das dank des Kaisers großem Interesse für die Marine ungemein schnell aufblühte, ein Geschäft zu eröffnen, das nicht weniger als zwanzig Angestellte beschäftigte. Nun lächeln Sie wieder – aber damals gab es in Norddeutschland nur wenig Geschäfte mit so viel Angestellten.

Was soll ich Ihnen weiter erzählen? Die Arbeit wuchs, die Zahl der Geschäfte, aber es wurde immer unromantischer. Einer meiner Freunde hat sich mal bei einer festlichen Gelegenheit an die Jahre erinnert, als wir unsere Tagesabrechnung noch im Zug bei einer flackernden Öllampe machten – du lieber Himmel, ja, davon war um die Jahrhundertwende schon nicht mehr die Rede. Um diese Zeit hatte ich bereits die Verantwortung für zweiundzwanzig Geschäfte, zu denen Jahr für Jahr ein bis zwei neue Unternehmungen hinzukamen.«

Hans-Günther Wentzel

Hannes Seeler, der Schausteller

Vor etwa 70 Jahren begann der Senior der Familie Ferdinand Seeler ein Wandergewerbe zu betreiben. In der Neustadt 60 hatte alles seinen Anfang genommen. Ferdinand machte es nichts aus, bei Wind und Wetter mit einem kleinen Pferdewagen über die Dörfer zu ziehen. Es mußte Geld verdient werden, denn schließlich war inzwischen die Familie auf acht Personen angewachsen, davon 5 Jungen und 1 Mädchen. Der erste Weltkrieg und die darauf folgende Inflation hatten Ferdinand Seeler aber nicht erschüttert. Mit dem Karussell und dem Handel hatte man sich so leidlich über Wasser gehalten.

Jetzt schien die Wirtschaft wieder aufzublühen. Die sogenannten »goldenen zwanziger Jahre« nahmen ihren Anfang. Daran wollten auch die Seelers teilhaben, und so kauften sie ein neues größeres Karussell. Damit betätigte man sich nicht nur in Wismar und Umgebung, sondern auch die kleineren Städte wurden besucht. Die Seelers sah man jetzt auch auf den Kramermärkten und Schützenfesten in Neubukow, Neukloster, Warin, Sternberg und Klütz. Dabei darf natürlich der »Poeler Markt« nicht vergessen werden, wobei es traditionsgemäß immer sehr turbulent zuging. Wer von der Insel drüben stammt, kann bestimmt ein Lied davon singen.

...

Ich erinnere mich an den Fastnachtsmarkt des Jahres 1927: Es war Sonntag, der 28. Februar. War es sonst um diese Jahreszeit oftmals sehr kalt, so herrschte heute frühlingshaftes Wetter. Der Winter war sowieso sehr milde gewesen. Auf dem Mühlenteich hatte es auch kein Eis gegeben, so daß die Bierverleger sich gezwungen sahen, das benötigte Kühleis per Dampfer in großen Blöcken aus Norwegen zu beziehen. Vor einigen Tagen war ich mit Walter Karstedt im Hafen, wo sein Vater gerade mit dem Nilssonschen Dampfer »Elisabet« eine Ladung von etwa 800 tons Blockeis angelandet hatte. So etwas hatte es bislang noch gar nicht gegeben.

Es war also schönstes Wetter, und danach war auch die Stimmung auf dem Marktplatz. In Scharen eilten Jung und Alt hierher, um sich wieder einmal nach altem Brauch zu amüsieren.

Wie immer hatten die Seelers ihr Karussell bei der alten Wasserkunst aufgebaut. Als neueste Attraktion stand daneben ihr Wiener Sportrad. Der Fahrpreis betrug für Erwachsene 10 Pfg., für Kinder die Hälfte. Mutter saß wie eingeklemmt an der Kasse. Chef Ferdinand Seeler, Endvierziger mit flottem Schnurrbart und graubrauner Melone, geleitete die Gäste galant in die bereitstehenden Gondeln. Oben auf einem Gestell im zentralen Mittelpunkt des Rades betätigten sich sein Sohn Hannes und ein weiterer Bruder damit, dem Sportrad mit seinen Gondeln den nötigen Schwung zu verleihen. Je schneller die Fahrt wurde, um so lauter das Geschrei. Im Anfangsstadium konnte man aus 12 m Höhe den Marktplatz mit den vielen Buden sehr schön überblikken. Doch daran dachte man dann nicht mehr, wenn sich das Rad in rasanter Fahrt drehte.

Im großen Karussell nebenan waltete Tochter Guschi Seeler ihres Amtes als Kassiererin, wobei sie auch die Glocke bei Beginn und Ende der Fahrt betätigte. Kinder, die das Glück hatten, aus einem Pfahl neben dem Karussell während der Fahrt einen Ring herauszuziehen, durften das nächstemal umsonst mitfahren. Die kleinen Ponys, die das Karussell drehten, waren festlich geschmückt.

...

Wenn Ferdinand Seeler im Winter seine Karussellwagen in seinem Schuppen beim Alten Hafen abgestellt hatte, bedeutete dieses für die Seelers noch lange keinen Winterschlaf. Jahrzehntelang betrieben sie bereits einen Weihnachtsbaumverkauf auf dem Markt und auf dem Hof hinter dem Wohnhaus. In Reih und Glied standen vor der Wasserkunst die herrlich duftenden Weihnachtsbäume.

...

Ein Sturm hatte die Schneemassen auf dem Marktplatz zu hohen Schanzen zusammengefegt. So schauten die Seelerschen Weihnachtsbäume teilweise nur mit ihren Kronen aus dem Schnee heraus. Um den Käufern die Möglichkeit zu geben, an den Strand zu gelangen, mußte ein Weg bis zur Meckl. Depositen- und Wechselbank geschaufelt werden. Viele Werktätige hatten nur abends Gelegenheit, sich einen Baum auszusuchen, und so schlug der alte Seeler eiserne Stangen in den Boden, woran dann Petroleumlampen befestigt wurden. Zum Schutz gegen die grimmige Kälte hatten sich Vater und Sohn Hannes mit dicken Lodenjoppen und Pelzmützen versehen. Es war bestimmt kein Vergnügen, den ganzen Tag über hier auf dem Markt zu stehen und dann auch noch die Käufer individuell zu behandeln. In seiner originellen Art hatte er trotzdem immer seinen Humor.

Ende Dezember ließ die Kälte einige Tage nach, um jedoch Anfang Januar erneut wieder einzutreten. Die Schlittschuhläufer drängte es aufs Eis. Die Seelers entdeckten einen neuen Job: Sie steckten auf der Koggenoor vor den Häusern des wismarschen Yachtclubs und des Ruderclubs »Wismaria« eine Fläche ab, die vom Schnee freigefegt wurde. Dieses sprach sich in der Stadt natürlich schnell herum. So kamen dann die begeisterten Schlittschuhläufer zu Hunderten aufs Eis. Die ganze Familie Seeler war zur Stelle. Konnte jemand seine leicht angerosteten Schlittschuhe nicht an den Stiefeln fest- und wieder abbekommen, dann war man hilfsbereit zur Stelle. Für heißen Tee, auf Wunsch auch mit einem Schuß Rum, sorgte dann Mutter Seeler. An einem Sonntagmorgen war dann auch die 3 Mann starke Blaskapelle Gustav Holtfreter zur Stelle. Die flotten Weisen trugen dann erheblich dazu bei, daß Bogen- und Paarlaufen zu erheblichen Leistungen gesteigert wurden. Wahre Kunststücke vollbrachte der Zeichenlehrer und Kunstmaler Paul Drenseck vom Lyzeum. Aber auch Katharina Kortüm, Studienrätin, bekam die Kurven wundervoll raus. An ihrer Seite schwebte der Buchhändler Kreutzmann von der Hinstorff'schen Hofbuchhandlung. Man könnte noch so viele andere nennen.

...

Ende 1929 nahm die Weltwirtschaftskrise ihren Anfang. Wie weggefegt waren die »goldenen zwanziger Jahre«. Viele Millionen Menschen wurden in Deutschland arbeitslos, und dieses bekamen wir auch besonders in

Wismar zu spüren. Konkurse waren an der Tagesordnung.

...

Die Seelers hatten sich in den vergangenen Jahren schlecht und recht über Wasser halten können. Das hatte sicher daran gelegen, daß die traditionellen Jahrmärkte Jung und Alt immer wieder an sich gezogen hatten. Mitte der dreißiger Jahre zog sich Ferdinand Seeler altershalber von den Geschäften zurück. An seine Stelle trat jetzt sein Sohn Hannes.

...

Leider änderte sich jedoch schlagartig die Situation, als bereits 6 Jahre nach der Machtübernahme Adolf Hitlers am 1. Sept. 1939 ein zweiter Weltkrieg ausbrach. Die Schrecken dieses Krieges hatten wir alle mehr oder weniger miterlebt. Von dem Bombenterror blieb auch Wismar nicht verschont. Weit über 300 Menschen fielen den Bomben zum Opfer. Viele historische Bauten wurden völlig zerstört. Das Kriegsende brachte Wismar zunächst eine anglo-amerikanische Besatzung. Gemäß dem Yalta-Abkommen mußte diese Wismar und das westliche Mecklenburg wieder räumen. Dafür zogen jetzt sowjetische Truppen ein. Ein neuer politischer Umbruch war die Folge.

Hannes Seeler wurde es gestattet, mit seinen Karussells weiter für die Volksbelustigung zu sorgen. Fastnachtsmarkt und Pfingstmarkt wurden beibehalten. Später kam noch der Herbstmarkt hinzu.

Bis auf den Weihnachtsmarkt finden heute alle anderen Märkte auf der Lübschentor-Weide statt, dort, wo immer noch die Köpernitz vorbeiplätschert.

Bis in sein hohes Alter hat Hannes Seeler mit dem alten Familienunternehmen durchgehalten. Vielen Menschen in Wismar ist der Name Seeler zu einem Begriff geworden, und man wird sich gerne immer wieder daran erinnern. Das letzte Karussell hat nun die Stadt Wismar erworben, und es wird sich auch in Zukunft weiterdrehen.

Aus der Stadtgeschichte

Zeittafel zur Geschichte Wismars:

1200 Gründung einer Kaufmanns- und Handwerkersiedlung gut 50 km östlich von Lübeck und nahe des Gewässers »aqua wissemare«

1229 Wismar wird erstmals urkundlich als Stadt erwähnt

1250 Mit dem Baubeginn von St. Georgen erhält die Stadt, nach St. Nikolai und St. Marien, die dritte große Hauptkirche

1276 Beginn des Baus einer Stadtmauer, die im 15. Jahrhundert vollendet ist

1300 Der stadtnahe Wohnsitz der mecklenburgischen Fürsten wird von den Bürgern zerstört

1358 Wismar wird führendes Mitglied der Hanse

1373 Wismar erhält eigene Gerichtsbarkeit

1379 Die Stadt erhält ein eigenes Münzrecht

1524 bis 1532 Durchsetzung der Reformation in Wismar

1541 Gründung der städtischen Lateinschule

1648 Wismar wird an das Königreich Schweden abgetreten

1680 Schweden baut die Stadt zur größten Festung Europas aus

1803 Pfandweise Rückkehr Wismars für 100 Jahre nach Mecklenburg

1903 Endgültige Rückkehr der Stadt in den deutschen Verband

1940 bis 1945 Schwere Luftangriffe durch alliierte Bomber, starke Beschädigung der Hauptkirchen St. Marien und St. Georgen sowie weiterer bedeutender Bauwerke aus dem Mittelalter

1945 Wismar wird im Mai von britischen Truppen besetzt, Anfang Juli werden sie durch sowjetische ersetzt

1946 Gründung der Mathias-Thesen-Werft, in den folgenden Jahren Ausbau des Überseehafens

1960 Sprengung des beschädigten Chores von St. Marien durch die SED-Verwaltung gegen starke lokale, nationale und internationale Proteste

1990 Wismar wird wieder Mitglied des Hansetages

Quellenverzeichnis

Klaus Albrecht, Rudolph Karstadt, der Kaufhausgründer (Auszug). Aus: K.A., Rudolph Karstadt. Ein Kaufmann aus Mecklenburg, Mecklenburgische Monatshefte, Januar bis Dezember 1931. Carl Hinstorffs Verlag, Rostock 1931

Alfred Andersch, Aber die Stadt war zum Staunen (Auszug). Aus: A.A., Sansibar oder der letzte Grund. © 1970 by Diogenes Verlag AG, Zürich

Ernst Barlach, Das mächtige Gehäuse. Aus: Mein Mecklenburger Land, Hrsg. Edmund Schroeder. Petermänken Verlag, Schwerin 1961

Bekanntmachung des Arbeiter- und Soldatenrats Wismar, November 1918. Aus: Wismar 1229–1979, hrsgg. vom Rat der Stadt Wismar 1979

Kurt Biesalski, Das Teufelsgitter in der Marienkirche. Das schöne Bleichermädchen. Aus: K.B., Der Kirschbaum auf der Düne. Sagen aus der Wismarer Umgegend. Rat der Stadt Wismar, 1990

F.G. Crain, Wismars Schicksale während der französischen Kriege. Aus: Denkblätter zur Feier des 19. August 1835, Wismar

Eulenspiegel bei einem Wismarer Schuhmacher. Aus: Till Eulenspiegel. Vollst. Ausgabe des Textes. Hrsg. Hermann Bote. Insel Verlag, Frankfurt am Main 1978

Festansprache von Superintendent Rische anläßlich der Nagelung des Kriegswahrzeichens am 17. Oktober 1915. Aus: Gedenk-Blatt, Hof- und Ratsdruckerei Wismar, 1915

Fritz Rudolf Fries, Eine Stadt für uns (Auszug). Aus: F.R.F., Seestücke. Hinstorff Verlag, Rostock 1980. Abdruck mit freundlicher Genehmigung des Autors

Sella Hasse, Nacht um die Dome. In: Mecklenburgische Monatshefte, Sondernummer Oktober 1929

Anton Haupt, Burschenschaftsrede in Jena 1818. Verhörsprotokoll Anton Haupts 1820. Aus: Günter Steiger, Ideale und Irrtümer eines deutschen Studentenlebens 1817–1820, Jenaer Reden und Schriften, Friedrich-Schiller-Universität Jena 1966

Theodor Heuss, Ahnung alter Größe (Auszug). Aus: Th.H., Von Ort zu Ort, Wanderungen mit Stift und Feder. © DVA Stuttgart 1986

Ricarda Huch, Aus dem Meere kommt diese Fabelstadt (Auszug). Aus: R.H., Im alten Reich. Lebensbilder deutscher Städte. Büchergilde Gutenberg 1961. Abdruck mit freundlicher Genehmigung von Herrn Alexander Böhm, Rockenberg

Alfred Kerr, Fahlstarres Buchtnest. Aus: Kurt Batt, Mecklenburgisches Lesebuch. R. Piper Verlag, München 1979

Christel Kindler, Kapitän Wilhelm Bade, der Nordpolarforscher (Auszug). In: Wismarer Beiträge, Stadtarchiv Wismar, Heft 4, Wismar 1987. Abdruck mit freundlicher Genehmigung der Autorin

Klabund, Am Hafen in Wismar. Aus: K., Die Himmelszeiten, Berlin 1917

Rudolf Kleiminger, Die Große Stadtschule in der NS-Diktatur (Auszug). Aus: R.K., Die Geschichte der Großen Stadtschule zu Wismar von 1541–1945. Verlag Schmidt & Klaunig, Kiel 1991. Abdruck mit freundlicher Genehmigung von Herrn Joachim Grehn, Melsdorf

Willy Krogmann, Der Name der Stadt Wismar. In: Mecklenburgische Monatshefte, Sondernummer Oktober 1929

Machtübernahme 1945 in Wismar. Die Entwicklung Wismars. In: Wismar 1229–1979. Beiträge zur Geschichte einer Stadt. Herausgegeben vom Rat der Stadt Wismar 1979

Friedhelm Mäker, Wismarer Hafen. Abschied von Wismar. Aus: F.M., Geübte Verdunkelung. Gedichte. Verlag Neske, Pfullingen 1989. Abdruck mit freundlicher Genehmigung des Autors

Druckschrift des Marine-Comites 1848: Die natürlichen Vorzüge des Hafens und der Rhede von Wismar

Aus den MfS-Akten über den Wismarer Bürger Ulrich Schacht

Peter Neichel, Luftangriffe aus Wismar (Auszug). In: Wismarer Beiträge, Schriftenreihe des Stadtarchivs Wismar, Heft 6, Wismar 1990. Mit freundlicher Genehmigung des Autors

Thomas Nugent, Noch immer eine feine Stadt. Aus: Th.N., Die unterhaltsame Reise des Herrn Dr. Nugent durch Mecklenburg. Hinstorffsche Verlagsbuchhandlung, Wismar o.J.

Rede von Superintendent Christoph Pentz in Wismar am 8. Dezember 1989. Manuskript

Ende des Pfandvertrages 1903. Zwei Telegramme. In: Hans Witte, Wismar 1803–1903, Hinstorff, Wismar 1903

Aus den Polizeiakten: Die Revolution von 1848 in Wismar

Aus einem Prospekt des Fremdenverkehrsvereins a.d. Jahre 1905. In: Mitteilungsblatt der Altschülerschaft Wismar Nr. 66/1966

Ulrich Schacht, Zimmer zum Markt. Originalmanuskript

ders., Wismar – Die Tochter Lübecks; Erinnerungsblatt an eine Kirche. Aus: U.Sch., Gewissen ist Macht. © R. Piper GmbH & Co. KG, München, 1992

ders., Fünf Gedichte. Aus: U.Sch., Traumgefahr (»Wismar«). Gedichte. Verlag Neske, Pfullingen 1981. Lanzen im Eis (»Im Fernglas W.«). Gedichte. © DVA, Stuttgart 1990. Sinn und Form 1/1993 (»Wintererde«, »Das ist wieder möglich«), Rütten & Löning, Berlin. »Im Herbst liebte ich meine Stadt«, Originalmanuskript

Heimo Schwilk, Mit Ulrich Schacht durch Wismar. Manuskript

Johann Heinrich Sievers, Meklenburgische Mitbürger! Privatdruck, Wismar 1848

Wilhelm Voigt, der »Hauptmann von Köpenick«. Aus: »Der Hauptmann von Köpenick« vor Gericht. In: Rostocker Anzeiger Nr. 282 vom 4. 12. 1906

Hans-Günther Wentzel, Das Kriegsende in Wismar. Aus: H.-G.W., In der Seestadt Wismar Anfang 1945. In: Unser Mecklenburg Nr. 415, Bremen 1977

ders., Hannes Seeler, der Schausteller (Auszug). Aus: H.-G.W., Doch das Karussell wird sich weiter drehen. In: Mitteilungsblatt der Altschülerschaft Wismar Nr. 49/1978. Abdruck mit freundlicher Genehmigung des Autors

Rosemarie Wilcken, Ein Aschenputtel wird Prinzessin (Auszug). Aus: Ansprache der Bürgermeisterin der

Hansestadt Wismar in der Industrie- und Handelskammer Augsburg. Abdruck mit freundlicher Genehmigung der Autorin

Gustav Willgeroth, Die Wiedervereinigung von 1803. Aus: G.W., Bilder aus Wismars Vergangenheit, Willgeroth & Wenzel, Wismar 1903

Aus dem ältesten wismarschen Stadtbuch: Das erste Blatt mit dem Ratsregister von 1250. Aus: Friedrich Techen, Das älteste wismarsche Stadtbuch von etwa 1250 bis 1272, Hinstorff, Wismar 1912

Wismar 1744. Ein Lexikonartikel. Aus: Neues Historisches Lexikon, Leipzig 1744

Leider konnten nicht alle Rechteinhaber ermittelt werden. Berechtigte Honoraransprüche werden selbstverständlich abgegolten.

Die Deutsche Bibliothek – CIP-Einheitsaufnahme

Schacht, Ulrich:
Mein Wismar / Ulrich Schacht. [Fotos: Claus Gretter]. – Frankfurt/M. ; Berlin : Ullstein, 1994
(Autoren sehen ihre Stadt ; Bd. 2)
ISBN 3-550-06715-1
NE: GT